Kerstin Diacont

Das Westernpferd
Der Westernreiter

Kerstin Diacont

Das Westernpferd
Der Westernreiter

Ausrüstung, Haltung und Ausbildung

Zweite, durchgesehene
Auflage

Die Deutsche Bibliothek – CIP-Einheitsaufnahme

Diacont, Kerstin:
Das Westernpferd – der Westernreiter: Ausrüstung, Haltung
und Ausbildung / Kerstin Diacont. – 2., durchges. Aufl. –
München; Wien; Zürich: BLV, 1993
 ISBN 3-405-14064-1

Bildnachweis

Grafik: Kerstin Diacont
Archiv Trainingsstall Leckebusch
Seiten 8/ 75
Günther Deitrich:
Seiten 11/ 31/ 33/ 55/ 69/ 70/ 72/ 73/ 99/
106/ 116/ 117/ 118/ 119/ 121/ 130/ 136
Kerstin Diacont:
Seiten 13/ 15/ 18/ 19/ 22/ 37/ 38/ 45/ 48/ 52/
53/ 59/ 62/ 64/ 65/ 66/ 68/ 78/ 80/ 81/ 83/
85/ 91/ 101/ 103/ 109/ 113/ 114/ 120/ 131/
132/ 134/ 143/ 138/ 140
Roland Pons:
Seiten 2/ 83/ 94/ 95/ 108/ 122/ 124
Umschlaggestaltung:
F & H Werbeagentur, München
Umschlagfoto: Trainingsstall Leckebusch,
Numbrecht
Layout: Volker Fehrenbach, Unterschleißheim

Zeichenerklärung:
○ = Schenkeldruck
▷ = Zügel außen anlegen (bei Bedarf annehmen)
→ = Zügel innen annehmen / erforderlichenfalls Hand seitlich herausführen

BLV Verlagsgesellschaft mbH
München Wien Zürich
80797 München

© BLV Verlagsgesellschaft mbH,
München 1993

Gesamtherstellung: Pustet, Regensburg

Printed in Germany · ISBN 3-405-14064-1

Inhalt

Vorwort

Das Westernreiten hat sich in den letzten Jahren als beliebte und auch weitgehend anerkannte Alternative zur klassisch-englischen Reitweise etabliert. Vielen interessierten Neulingen und auch Umsteigern fehlt jedoch die Möglichkeit, sich theoretisch mit den Grundlagen dieses Pferdesportes vertraut zu machen. Zwar gibt es inzwischen einige deutschsprachige Bücher zum Thema Westernreiten, jedoch sind diese fast ausnahmslos für den fortgeschrittenen Reiter geschrieben und setzen Kenntnisse voraus, die der Anfänger nicht haben kann.

Dies Buch richtet sich nun besonders an den Reitanfänger. Es soll den Sinn und die Vorteile des Westernreitens verdeutlichen. Das theoretische Verständnis der westernspezifischen Minimalhilfengebung, Sitz und Einwirkung des Reiters in den Grundgangarten, bei einfachen Gehorsamsübungen und Trailhindernissen sowie Kriterien zur Selbstkontrolle stehen im Vordergrund. Des weiteren soll der künftige Westernreiter mit einigen Kenntnissen über Psychologie und Verhalten des Pferdes »versorgt« werden, die es ihm erleichtern, sich ohne unschönes Gerangel bei seinem Pferd durchzusetzen.

Besondere Betonung liegt bei alledem auf den Begriffen *anstrengungsfrei, pferdeschonend, sicher und harmonisch.* Natürlich kann ein Buch keinen Reitunterricht ersetzen. Jedoch verkürzt eine fundierte theoretische »Begleitung« des praktischen Unterrichts die Zeit bis zum sogenannten »Aha-Erlebnis«, bei dem der Reiter die Richtigkeit eines Bewegungsablaufes auf einmal erkennt.

Und genau da liegt der Sinn des vorliegenden Buches: Es soll dem Lernenden helfen, die natürlichen Verhaltensweisen und Reaktionen des Pferdes zu verstehen, sein eigenes Verhalten sowohl im Umgang mit dem Pferd als auch in seiner Hilfengebung darauf abzustimmen, sowie sich selbst bis zu einem gewissen Grad zu kontrollieren. Korrekturen und schwierige Lektionen sind aufgrund des begrenzten Umfangs dieses Bandes nur kurz angerissen.

Theorie

Warum Westernreiten?

Warum muß es überhaupt eine »exotische« Reitweise sein? Diese Frage wurde in den Anfängen der Westernreiterei in Deutschland vor etwa 10 Jahren noch meist damit beantwortet, daß man die wenigen Westernreiter als Möchtegern-Cowboys abstempelte und die Reitweise als solche bestenfalls als nicht ernstzunehmen und schlimmstenfalls als Pferdeschinderei abtat. Nun ist alles Neue gewöhnungsbedürftig, und es dauerte seine Zeit, bis die Vorteile des Westernreitens von einer breiteren Schicht erkannt wurden. Besonders für Gelände- und Wanderreiter liegen sie nämlich klar auf der Hand, wenn man sich die Ziele dieser Reitweise vor Augen führt.

Westernreiten war Gebrauchsreiten – also Mittel zum Zweck (historisch dem des Rinderhütens). Die klassische Reitweise, auf welcher der heute vorwiegend betriebene Dressur- und Springsport aufbaut, war jedoch oftmals zweckfrei, also Kunst (sieht man vom Einsatz des Pferdes im Militär ab). Der Kunstbegriff ist heute noch lebendig in der Spanischen Reitschule in Wien mit der Dressur als ästhetischem Selbstzweck. Bei näherer Betrachtung beinhaltet das Wort Kunst an sich schon weitere Begriffe wie Talent, Gefühl, lange Lehrzeit etc., die sich auch auf das Reitenlernen nach klassischen Gesichtspunkten übertragen lassen. Das effektive und harmonische Zusammenspiel der Hilfen in der klassisch englischen Reitweise ist nämlich nur mit viel Übung, dementsprechend großem Zeitaufwand und auch nur von einem gefühlvollen Reiter zu erreichen. Zudem muß dieser sich während des Reitens voll auf sein Pferd konzentrieren und umgekehrt das Pferd auf ihn, um Harmonie zu erreichen und die nötige Kontrolle über das Pferd zu erhalten.

Im Westernreiten dagegen steht der Begriff »Arbeit« hinsichtlich des Ziels dieser Reitweise auch heute noch im Vordergrund. Der reitende Rinderhirte konnte sich nicht auf sein Pferd konzentrieren, denn die Rinderherde stand im Mittelpunkt seiner Aufmerksamkeit. Das Pferd war dazu da, ihm bei der Arbeit zu helfen. Daraus entstand eine Reitweise, bei der das Pferd mit einem Minimum an reiterlicher Einwirkung kontrolliert und gelenkt wurde. Der heute verwen-

9

dete Begriff der *Minimalhilfengebung* drückt das angestrebte Ziel einer Ausbildung von Pferd und Reiter im Westernstil auch in der für den modernen Sport- und Freizeitreiter modifizierten Form gut aus: Pferd und Reiter sollen sich mit einem minimalen Aufwand an Kraft und Konzentration miteinander harmonisch und locker bewegen.

Man kann die Westernreitweise auch als die Methode des einfachsten Weges bezeichnen, denn prinzipiell gibt es in der Reiterei viele Wege, um die anzustrebende Harmonie zwischen Reiter und Pferd zu erreichen. Der Begriff »einfachster Weg« bedeutet nun nicht, daß die Zeit der Ausbildung von Pferd und Reiter in der Westernreitweise viel kürzer ist als in der klassisch-englischen Methode. Er bedeutet vielmehr, daß es dem Normalreiter ohne herausragendes Talent und mit meist stark beschnittener Freizeit durch die Minimalhilfengebung und die vorausgehende Erziehung des Pferdes zu Gehorsam und Vertrauen leichter gemacht wird, sein Pferd sicher zu beherrschen und ein akzeptables (= harmonisches) Bild abzugeben.

Voraussetzungen

Grundlagen für Harmonie und Leichtigkeit beim Westernreiten sind:

1. Das Erlernen eines unabhängigen und schmiegsamen *Sitzes* in den drei Grundgangarten Schritt, Trab und Galopp, um das Pferd in seinen natürlichen Bewegungen nicht zu stören. Dazu gehört auch das Erlernen von Bewegungsabläufen und Signalen, mit denen der Reiter seine Wünsche dem Pferd

übermitteln kann *(= Hilfengebung)*.

2. Das Verständnis für *artbedingte Reaktionen* des Pferdes.

2.a. Ausnutzung von erwünschten Reaktionen und Reflexen als Erleichterung für die Arbeit und den Umgang mit dem Pferd.

2.b. Abbau von unerwünschten Reaktionen durch den Aufbau einer Vertrauensbasis zwischen Reiter und Pferd.

3. Die Verbesserung oder Entwicklung von folgenden Eigenschaften des Reiters: *Konzentration – Konsequenz – Geduld – logisches Denken – Ruhe – Gefühl – schnelle und adäquate Reaktionen.*

4. Die Erziehung und Gymnastizierung des Pferdes.

Der zukünftige Westernreiter wird also sowohl psychisch als auch physisch gefordert. Sein Erfolg und seine Lernfortschritte als Reiter werden vom effektiven Zusammenwirken der o. g. Faktoren abhängen. In der klassisch-englischen Reitweise wird dem *formal korrekten* Sitz des Reiters eine sehr große Bedeutung beigemessen (was hinsichtlich des komplizierten Zusammenwirkens der Hilfen in dieser Reitweise sicher richtig ist). Durchaus legitime und pferdeschonende Tricks und Arbeitserleichterungen aufgrund psychologischer Erkenntnisse hinsichtlich des Pferdeverhaltens werden jedoch meist nur von Spitzenkönnern berücksichtigt. Beim Westernreiten ist es eher umgekehrt. Alles, was dem Reiter die *Arbeit erleichtert*, sofern es nur pferdegerecht ist, wird angewandt, besonderes Augenmerk wird dabei auch auf die Arbeit an der Hand – ohne Reiter – gerichtet. Dem formal korrekten Sitz wird dabei nur insofern Bedeutung beigemessen, als er den Reiter in die Lage versetzt, seine eigenen Bewegungen so präzise zu steuern, daß er damit dem Pferd ein immer gleiches Signal (Hilfe) für eine jeweils gleiche Forderung geben kann, und ansonsten in der Lage ist, das Pferd nicht durch falsche Zügeleinwirkung oder einen unruhigen Sitz zu stören.

Wichtig ist, daß der Reiter sich auf dem Pferd wohl fühlt. Wohlfühlen beinhaltet natürlich ein hohes Maß an Losgelassenheit (des Reiters) und das Gefühl der Sicherheit. Ist der Reiter unsicher und / oder verkrampft, so beeinträchtigt dies die angestrebte Harmonie sehr viel stärker als fehlerhafte Hilfen. Reiter und Trainer müssen also daran arbeiten, zuerst das Gefühl des Wohlbefindens herzustellen. Ob der Reitanfänger dabei die Hände etwas höher oder tiefer trägt oder die Unterschenkel leicht vor der Ideallinie hat, spielt eine eher untergeordnete Rolle, solange er keine groben Fehler macht.

Korrekter Sitz

Der Sitz des Reiters

Der korrekte Sitz des Reiters auf dem Pferd ist die Grundlage für die Verständigung des Reiters mit seinem Pferd. Durch bewußtes Verändern der Position von Oberkörper, Unterschenkeln und Händen gibt der ausgebildete Reiter seinem Pferd Signale.

Hat der Reiter Schwierigkeiten, *locker und entspannt* in jeder Gangart auf dem Pferderücken zu sitzen, so fehlt diese Grundlage, denn der Reiter kann in diesem Fall seinen Körper, seine Unterschenkel und seine Hände nicht bewußt steuern, da er viel zu sehr damit beschäftigt ist, nicht herunterzufallen. Er klammert sich mit Knien und Unterschenkeln am Pferd fest oder versucht sich mit der Hand irgendwo festzuhalten, schlimmstenfalls am Zügel. Jeder Anfänger hat diese Schwierigkeiten.

Er muß also als erstes lernen zu sitzen. Das ist leichter gesagt als getan. Auf dem stehenden Pferd und im Schritt erscheint es noch relativ einfach, so oben zu sitzen, wie es der Trainer oder Reitlehrer (die Westernreiter sprechen im allgemeinen vom Trainer) vom geplagten Reitschüler verlangt.

Er verlangt im einzelnen:

Oberkörper

Der Reiter soll gerade und aufrecht auf dem Pferd sitzen, beide Gesäßknochen gleichmäßig belasten. Die Schultern sollen nicht nach vorne gezogen werden. Also keinen Buckel machen und nicht den Kopf hängen lassen! Außerdem sollen die Schultern auf jeden Fall gleich hoch gehalten werden, wenn der Reiter auf stehendem oder geradeauslaufendem Pferd sitzt, sowie genau parallel zur Querachse des Pferdes. Schon eine leichte Drehung des Oberkörpers aus den Schultern heraus oder ein Fallenlassen einer Schulter bedeutet bei einem gut gerittenen Pferd eine Hilfe, die es veranlassen kann, seitlich abzuwenden. In abgeschwächter Form bewirkt dies auch schon eine Drehung des Kopfes. Der Reiter sollte also im Normalfall geradeaus zwischen den Ohren seines Pferdes hindurch schauen.

Die Oberarme fallen locker aus der Schulter herab. Die Unterarme werden so gewinkelt, wie es dem Reiter am bequemsten erscheinen würde, ein volles Glas Wasser zu balancieren – also meist etwas mehr als 90 Grad. Handgelenk und Ellbogengelenk sollten locker sein – diese Forderung bedingt eine *lockere Hand,* in der im Laufe der Ausbildung des Reiters das *Gefühl* entwickelt werden soll, welches nötig ist, um schonend auf das Pferdemaul einzuwirken.

Zügelhaltung beidhändig/einhändig

Die Zügel führt der Anfänger mit beiden Händen, das Pferd ist dabei auf Trense oder Bosal gezäumt (siehe auch Seiten 37 bis 41). Der rechte Zügel wird über den Hals des Pferdes gelegt, so daß er links vom Hals herunterhängt. Der linke Zügel hängt auf der rechten Halsseite herab. Es handelt sich dabei

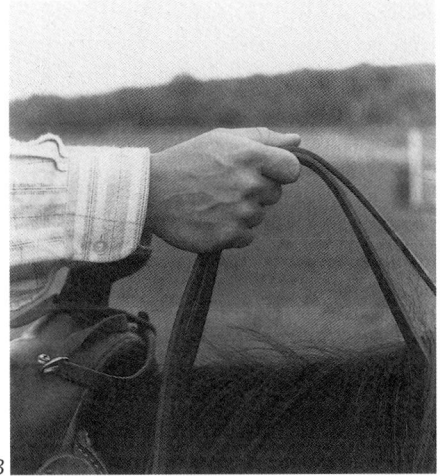
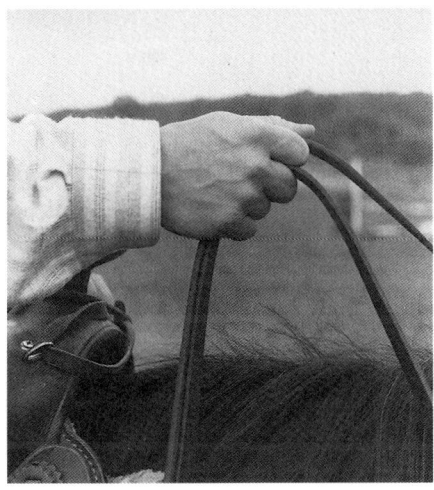
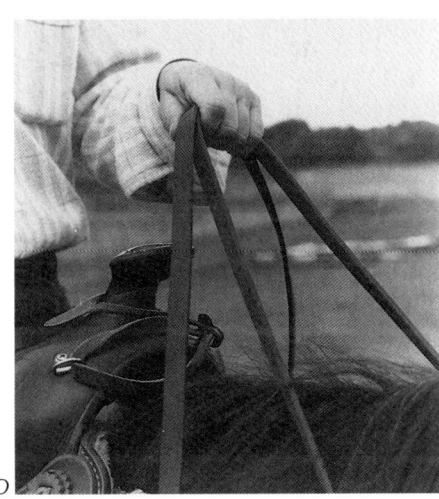

A Zügelhaltung der Trensenzügel mittels der Zügelbrücke
Zügelhaltung der Kandarenzügel (Split Reins)
B ohne den Zeigefinger zwischen den Zügeln
C mit dem Zeigefinger zwischen den Zügeln
D modifizierte Zügelbrücke zur Umstellung auf einhändige Zügelführung

um die auch im Rennsport gebräuchliche Zügelbrücke. Der Reiter faßt mit beiden Händen die doppelten Zügel (siehe Abb. A). Die Handgelenke bleiben dabei gerade, aber locker. Die Hand ist leicht verdeckt; sie steht nicht völlig aufrecht, wie in der Zügelführung der englischen Reitweise. Der kleine Finger kann zwischen die Zügel gelegt werden, was eine Veränderung der Zügellänge erleichtert.

Die Zügel sind so lang, daß der Reiter bei aufrechtem Sitz und leicht am Körper anliegenden Ellbogen (abgespreizte Ellbogen gehören in schlechte Westernfilme) *keine* direkte Verbindung zum Pferdemaul hat. Sie hängen genau so weit durch, daß die Linie, die die Zügel von Reiterhand zu Pferdemaul bilden, nicht gerade ist. Will der Reiter keine Hilfe geben, so stehen beide Hände gleichweit vom Mähnenkamm des Pferdes entfernt. Die Zügel sind natürlich gleichlang. Der lose Zügel wird prinzipiell nur angenommen, wenn der Reiter seinem Pferd etwas mitteilen will, also Richtungs- bzw. Tempoänderungen, Gangartenwechsel, oder zur Korrektur.

Zügellänge verändern

Der Westernreiter muß häufig die Länge seiner Zügel korrigieren. Will er die Zügel verkürzen, so macht er die Faust leicht auf, so daß die schweren Enden der Zügel, die rechts und links herabhängen, nach unten ziehen und sich so die Zügellänge automatisch verkürzt. Sind die Zügel kurz genug, so verstärkt er den Druck der Faust wieder (damit dies funktioniert, sollten die Zügel natürlich nicht zu leicht sein). Will er die Zügel verlängern, so läßt er seine Hände an der Zügelbrücke entlang nach außen gleiten und zieht dabei die Zügelbrücke ein wenig auseinander.

Eine Besonderheit beim Westernreiten im Hinblick auf die Minimalhilfengebung ist das *Neck-Reining* für fortgeschrittene Reiter und fertig ausgebildete Pferde. Das Pferd ist dafür auf Kandare bzw. auf eine der vielen Varianten der Trainingsgebisse gezäumt (siehe Seiten 43 bis 47). Der Reiter führt beide Zügel in einer Hand. Historisch richtig wäre die linke, um die rechte für Arbeiten mit dem Lasso frei zu haben. Im heutigen Sport ist es jedoch egal, welche Hand

der Reiter als Zügelhand bevorzugt. Die Hand wird waagerecht aus dem Ellbogen heraus über den Mähnenkamm bewegt. Ein Annehmen des Zügels erfolgt durch eine Bewegung des Ellbogens nach hinten.

Die Zügelhand bei der einhändigen Zügelführung steht aufrecht. Man unterscheidet zwischen der Zügelführung bei geteilten Zügeln (Split Reins) und der bei geschlossenen Zügeln (California Reins), die einen langen Fortsatz – das Romal – besitzen, welcher als Gerte benutzt werden kann. Bei Split Reins hängen beide Zügelenden auf der Seite der Zügelhand herunter. Sie laufen von unten nach oben durch die Hand. Der Reiter kann, um die beiden Zügel besser voneinander zu trennen, seinen Zeigefinger zwischen beide stecken. Sein Daumen liegt dachförmig auf dem oberen Zügel.

Die geschlossenen kalifornischen Zügel werden ohne Finger zwischen den beiden Zügeln benutzt. Das Romal hängt nach unten aus der aufrechten Zügelhand heraus und wird mit der anderen Hand gehalten. Der Daumen liegt nicht dachförmig auf den Zügeln, sondern umschließt die Finger der Zügelhand.

Bei der einhändigen Zügelführung muß die Zügellänge nicht mehr so häufig geändert werden. Hin und wider wird es jedoch auch nötig. Die Split Reins werden ähnlich wie die Trensenzügel verkürzt. Der Reiter macht die Hand leicht auf, so daß die Zügelenden nach unten ziehen können, oder er greift mit Daumen und Zeigefinger Stück für Stück nach. Will der Reiter den Zügel verlängern, so gleitet er mit der leicht geöffneten Hand am Zügel entlang in Richtung seines Oberkörpers, macht dann die

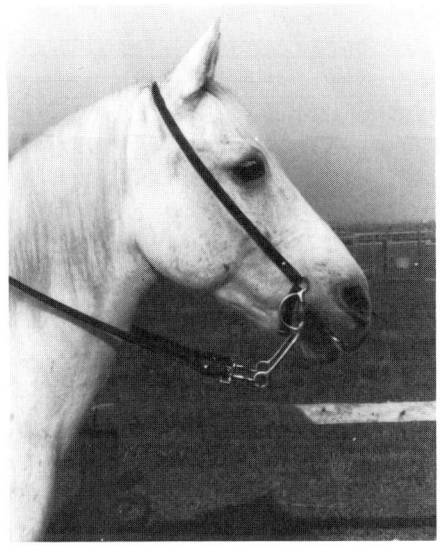

A *anstehender Zügel*   B *loser Zügel*

Hand wieder zu und geht mit dem nun längeren Zügel wieder vor in Richtung Pferdemaul.

Bei Zügeln mit Romal besorgt die Hand, die das Romal hält, die Änderungen des Zügelmaßes: Sie zieht entweder leicht am Romal bei geöffneter Zügelhand zur Verkürzung der Zügel oder schiebt die Zügel mittels leichtem Druck durch die Hand zur Verlängerung.

Beine

Die Unterschenkel hängen locker am Pferd herab, die Fußspitzen sind leicht eingedreht, so daß der Reiter die Füße fast parallel zur Längsachse des Pferdes hat. Dieses Eindrehen der Fußspitzen ist dem Reiter anfangs recht unangenehm, auch schon auf dem stehenden Pferd – solange, bis er die entsprechenden Muskeln dafür trainiert hat. Bezweckt wird mit diesem Eindrehen, daß der

Reiter praktisch das ganze Bein leicht nach innen verdreht, als ob er x-beinig laufen würde. Dies hat den Sinn, das Knie des Reiters flach an den Sattel zu bekommen und mit der sogenannten »flachen Wade« des Unterschenkels (also dem Innenteil) Druck auf den Pferdekörper ausüben zu können (siehe Kapitel »Hilfengebung«, ab Seite 28).

Ließe der Reiter seine Fußspitzen nach außen abstehen, wie es für ihn natürlich wäre, so könnte er damit erstens leicht irgendwo hängenbleiben und wäre zweitens nicht in der Lage, seine Knie flach an den Sattel zu drücken (Hilfengebung: Kniedruck).

Zusätzlich sollen die Fußspitzen auch noch leicht angehoben bzw. die Absätze heruntergedrückt werden. Der Sinn dieses weiteren muskelkatererzeugenden Manövers liegt darin, Spannung in den Muskel des Unterschenkels zu bekommen, so daß erstens bei Bedarf kräftigerer Druck auf die Flanke des

Pferdes ausgeübt werden kann und zweitens ein Abfedern des Fußes im Steigbügel ermöglicht wird. Der Fuß wird nicht ganz durch den Steigbügel durchgesteckt, sondern nur bis zum Ballen.

Kopf, Schultern, Hüfte und Absatz des Reiters sollen von der Seite gesehen eine gerade Linie bilden. Unter Umständen (z. B. in manchen Sätteln) können die Absätze – und damit die Unterschenkel – etwas nach vorn von dieser Ideallinie abweichen. Viele Westernreiter reiten mit leicht vorgestreckten Beinen; dies ist nicht unbedingt falsch, sofern sie ihre Unterschenkel schnell und präzise genug weiter hinten positionieren können, wenn es erforderlich ist.

Diese Liste von Sitzvorschriften ermöglicht es dem Reiter mit einiger Übung, *den Bewegungen des Pferdes schmiegsam zu folgen,* so daß sein Hinterteil schließlich wie am Sattel festgeklebt wirkt. Dieses schmiegsame Folgen der Bewegung ist jedoch nur möglich, wenn der Reiter über eine genügend ausgeprägte Beweglichkeit seiner Hüftgelenke, seines Beckens und des unteren Teils seiner Wirbelsäule verfügt. Nur in diesem Bereich nämlich soll der Schwung des Pferdes, der sich in einer Hoch-Tief-Bewegung des Pferderükkens äußert, abgefangen werden. Wird der Schwung nicht in diesem Bereich des Rückens abgefangen, so setzt er sich bis in den Nacken des Reiters fort, führt zu einem unschönen, wackelnden Kopf und verkrampften Schultern. Diese Verkrampfung setzt sich bis in die Hand fort und verhindert ein gefühlvolles Einwirken auf das Maul des Pferdes.

Prinzipiell ist es anfangs besser, einige Fehler im Sitz des Reitschülers vorübergehend zu dulden, als ihn durch laufende Sitzkorrekturen zu verkrampfen. Wie schon erwähnt, ist der lockere Sitz viel wichtiger als der formal völlig korrekte Sitz.

Im Trab und Galopp wird nun der Anfänger gehörig durchgeschüttelt, weil er noch nicht in der Lage ist, sich dem Rhythmus dieser Bewegungen anzupassen. Der künftige Reiter sollte auch wissen, warum er so durchgeschüttelt wird. Dazu ist es sinnvoll, sich den Bewegungsablauf in den drei Grundgangarten des Pferdes – Schritt, Trab und Galopp – einmal anzusehen.

Fußfolge des Pferdes und Sitz des Reiters in den Grundgangarten

Der *Schritt* ist eine Bewegung im Viertakt. Das Pferd setzt dabei seine Hufe einzeln auf und behält mit drei Beinen Bodenkontakt. Im Schritt fällt es dem Reiter leicht, sich in die Bewegung des Pferdes einzufühlen, weil das Pferd im Rücken kaum schwingt.

Im *Trab* wird es schwieriger für den Reiter, ruhig sitzen zu bleiben, denn in dieser Gangart schwingt der Rücken des Pferdes sehr viel stärker. Diese Schwingung entsteht durch ein federndes Abfußen des Pferdes mit jeweils einem diagonalen Beinpaar. Der Trab ist also eine Bewegung im Zweitakt. Dazwischen liegt die sogenannte Schwebephase, in der kein Bein den Boden berührt, also das eine Beinpaar schon abgefußt hat, während das andere noch nicht aufgefußt hat. Diese Schwebephase ist es, die dem Reiter Probleme beim Sitzen bereitet, denn sie bedingt eine schwingende Auf- und Abbewegung des Pferderückens. Je energischer das Pferd abfußt, je mehr Raum es mit dem Vorgehen des diagonalen Beinpaares gewinnt, desto stärker ist die Schwingung des Rückens und desto schlechter kann der Reiter anfangs sitzen.

Der Reiter fängt die Auf- und Abbewegung des Pferderückens durch Federn in der Wirbelsäule im Bereich der Hüfte ab. Ein leichtes Federn in den Fußgelenken fängt den Teil ab, der nicht über die Wirbelsäule ausgeglichen wurde. Nun ist es beim Westernreiten jedoch so, daß die Pferde dahingehend ausgebildet werden, sich möglichst flach und gleitend vorwärtszubewegen. Die Schwebephase verschwindet dabei fast völlig. So hat der Reiter nicht so große Schwierigkeiten mit dem Sitzenbleiben wie in der englischen Reitweise, bei der das Pferd dahingehend geschult wird, möglichst viel Schwung (also auch eine entsprechende Aktion des Rückens) zu entwickeln. Dies ist ein wichtiger Punkt gerade für ältere Anfänger, die nicht mehr die Elastizität eines jugendlichen Anfängers besitzen.

Neben dem Aussitzen des Trabes gibt es den leichten Sitz, bei dem der Reiter sein Gesäß leicht aus dem Sattel hebt und die Schwingungen des Pferderückens in den Oberschenkeln und in den Fußgelenken abfängt. Er macht dabei

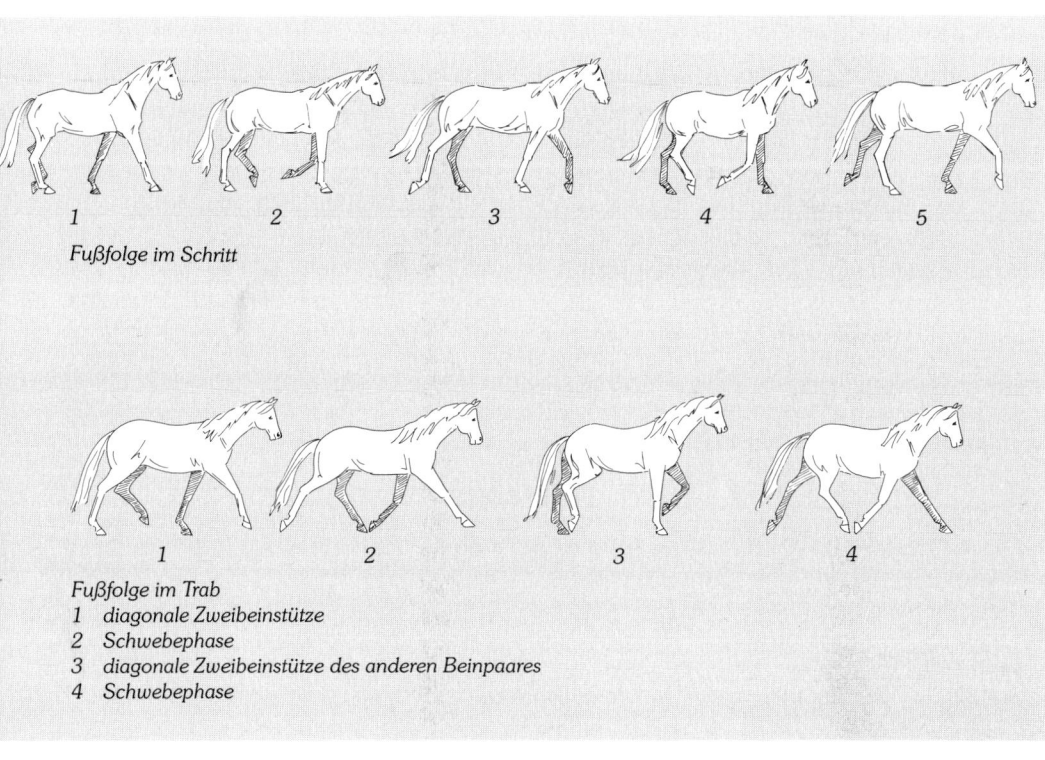

Fußfolge im Schritt

Fußfolge im Trab
1 *diagonale Zweibeinstütze*
2 *Schwebephase*
3 *diagonale Zweibeinstütze des anderen Beinpaares*
4 *Schwebephase*

Sitz im Schritt

Trab
Gute Haltung des Pferdes; es trabt entspannt mit locker schwingendem Rücken. Der Reiter könnte in dem mit dem Pfeil gekennzeichneten Bereich des Rückens mehr federn.

ein leichtes Hohlkreuz. Im leichten Sitz reitet man zum Lösen des Pferdes am Anfang einer Reitstunde. Auch das englische Leichttraben ist möglich, bei dem der Reiter jeweils einen Trabtritt aussitzt und sich bei dem zweiten aus dem Sattel erhebt. Er sollte dann auch auf dem richtigen Fuß leichttraben – d. h. er steht auf, wenn sich die äußere Schulter des Pferdes nach vorne bewegt (wenn sich inneres Hinterbein und äußeres Vorderbein nach vorne bewegen) und setzt sich hin, wenn die innere Schulter vorgeht.

Die dritte Gangart des Pferdes, *der Galopp,* ist nun eine Bewegung im Drei-takt, bei der das Pferd sich durch eine Serie von aneinandergereihten Sprüngen fortbewegt. Zwischen jedem einzelnen Galoppsprung liegt wieder die Schwebephase. Viele Reitanfänger finden es anfangs leichter, den Galopp auszusitzen, als den Trab (ein gut gerittenes Westernpferd kann im Galopp bequem sein wie ein Schaukelstuhl), weil der Galopp weniger Ansprüche an die Elastizität der Hüftpartie des Reiters stellt als der Trab.

Man unterscheidet Rechts- und Linksgalopp. Geht das Pferd in der Bahn links herum, soll es Linksgalopp gehen, bewegt es sich rechts herum, entspre-

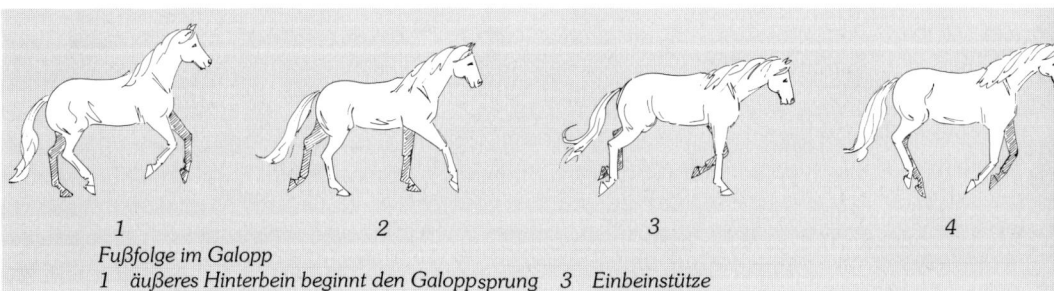

| 1 | 2 | 3 | 4 |

Fußfolge im Galopp
1 äußeres Hinterbein beginnt den Galoppsprung
2 diagonale Zweibeinstütze
3 Einbeinstütze
4 Schwebephase

18

Galopp: A. Korrekter Sitz des Reites bei guter Haltung des Pferdes. Um den Sitz zu erlemen braucht es auf einem ausgebildeten Pferd nicht allzu lange Zeit – der abgebildete Reiter ritt zu dem Zeitpunkt der Aufnahme erst zwei Monate.

B Falsch: Der Reiter versucht das Pferd durch Ziehen an den viel zu langen Zügeln zu verlangsamen; sein Sitz ist in diesem Moment unstabil.

chend Rechtsgalopp. Das Pferd beginnt den Galoppsprung im Rechtsgalopp z. B. nach der Schwebephase mit dem Auffußen des linken Hinterbeines. Dies wird beim Abfußen abgelöst durch das rechte Hinterbein zusammen mit dem linken Vorderbein. Fußen diese beiden ab, so fußt das rechte Vorderbein auf. Nach dem Abfußen des rechten Vorderbeines beginnt die Schwebephase, an die sich in gleicher Weise wieder ein neuer Galoppsprung anschließt.

Für den Anfänger ist es nicht so leicht zu erkennen, ob sich das Pferd im richtigen Galopp befindet. In den Ecken der Reitbahn kann er am leichtesten feststellen, ob das Pferd auf der richtigen Hand galoppiert, weil es sich andernfalls recht hölzern und unbequem anfühlt. Er kann es jedoch auch ganz einfach sehen: Im Rechtsgalopp »führt« das rechte Vorderbein, d. h. es greift etwas weiter vor als das linke. Der Reiter braucht nur auf die Schultern des Pferdes zu sehen, deren eine entsprechend auch weiter vorgreift und kann daran erkennen, ob sich das Pferd im richtigen Galopp befindet.

Dies ist jedoch nur ein Notbehelf für den Anfang – später sollte man es über seine Gesäßknochen spüren, ob das Pferd richtig galoppiert.

Der Reiter schiebt, wenn er sich richtig der Bewegung des Galoppsprunges anpaßt, sein Gesäß bei jedem einzelnen Galoppsprung im Sattel von hinten nach vorne. Auch diese Bewegung wird nur von der Hüftpartie ausgeführt. Oberkörper und Unterschenkel bleiben ruhig liegen. Unter Umständen können die Unterschenkel *leicht* nach vorne gestreckt werden, so daß der Reiter sein Gewicht etwas mehr im Steigbügel und in den Oberschenkeln abstützt. Dies darf jedoch nicht dazu führen, daß der Reiter völlig im Bügel steht. Er muß trotzdem fähig sein, bei Bedarf die Lage seines Unterschenkels zu verändern. Hat er zuviel Gewicht im Bügel, so ist ihm dies nicht möglich.

Soviel zum reinen »Draufsitzen«.

Wie zeigt nun der Reiter dem Pferd überhaupt an, welche Gangart er reiten möchte? Im nächsten Kapitel (»Hilfengebung«) wird dies ausführlich behandelt.

19

Hilfengebung

Verschiedene Arten der Hilfen – allgemein

Um sich seinem Pferd verständlich zu machen, bedient sich der Reiter der Hilfen. Sie stellen die Sprache dar, die er benutzt, um seinem Pferd mitzuteilen, was es tun soll. Manche Hilfen beruhen darauf, daß er *seine eigene Position auf dem Pferderücken verändert.* Mögliche Veränderungen sind:

o Gewichtsverlagerung durch Neigen des Oberkörpers zur Seite oder nach vorne bzw. hinten,
o Leichte Drehung des Oberkörpers,
o Kurzzeitiges Anspannen der Kreuzmuskulatur,
o Änderung der Lage der Unterschenkel,
o Druck mit einem oder beiden Unterschenkeln,
o Druck mit einem oder beiden Knien,
o Verstärken des Druckes im Bügel (stärkeres Austreten eines Bügels).

Gewichtshilfen, Schenkeldruck und Kniedruck können dem Pferd je nach Ausführung und Kombination ein Verlangsamen oder ein Verstärken des Tempos, ein seitliches Abwenden oder das Kommando zu einer anderen Gangart signalisieren, wie noch im einzelnen erklärt wird. Bewußte Änderungen der Sitzposition setzen voraus, daß der Reiter zuerst lernt, ruhig und ausbalanciert zu sitzen und das Pferd in seinem Gleichgewicht und seinen Bewegungen nicht zu stören. Das bedeutet,

er muß sich den Bewegungen des Pferdes in jeder Gangart anpassen und darf nicht unbewußt nach einer Seite bzw. nach vorne oder hinten »überhängen« oder mit Unterschenkel oder Knie unwillentlich Druck ausüben, weil er versucht, sich damit am Pferd festzuklammern. Die Folge ist ein verunsichertes Pferd, welches dann auf bewußten Druck oder bewußte Gewichtsverlagerung nicht mehr reagiert.

Weitere Hilfen sind die *Zügelhilfen,* die der Reiter dem Pferd mittels Veränderung der Position der Hände gibt. Mögliche Zügelhilfen sind:

o Anheben oder Senken einer oder beider Hände,
o Vor- oder Zurücknehmen einer oder beider Hände aus dem Ellbogen,
o Weites seitliches Herausführen einer Hand,
o Anlegen eines Zügels an den Hals des Pferdes (Druckzügel),
o Auf- und Abbewegen des Druckzügels am Hals des Pferdes,
o Zupfen am Zügel (d. h. kurzes Annehmen und wieder Nachgeben).

Zügelhilfen wirken normalerweise verhaltend oder richtunggebend. Voraussetzung für eine effektive Zügelhilfe ist, daß der Reiter im Normalfall (wenn er also gerade keine Hilfe geben will) das Pferd in keiner Weise durch unbewußte Bewegungen mit der Hand im Maul stört. Der Reiter muß lernen, seine Hände völlig ruhig zu halten. Das bedeutet, daß er einen immer gleichen Abstand zwischen Hand und Pferdemaul anstreben sollte. Diese Forderung beinhaltet allerdings, daß er der natürlichen Nickbewegung, die das Pferd (besonders im Schritt) mit Kopf und Hals ausführt, durch entsprechendes minimales Vorgehen und Zurücknehmen der Hand folgen sollte. Eine ruhige Hand ist also nicht eine völlig starr und unbeweglich stehende, sondern eine gefühlvoll dem Pferdemaul folgende. Voraussetzung für die ruhige Hand ist wieder der ausbalancierte, geschmeidige und vor allem lockere Sitz des Reiters in den Grundgangarten. Muß sich der Reiter beim Sitzen anstrengen, so neigt er dazu, sich in den Schultern zu verkrampfen, versteift dabei Ellbogen- und Handgelenk und ist nicht mehr in der Lage, die Hand unabhängig von seinen sonstigen Körperbewegungen einzusetzen. Schlimmstenfalls benutzt er die Zügel als »Halteseil« für sein noch mangelhaftes Gleichgewicht und fügt damit dem Pferd einen dauernden Schmerz im Maul zu.

Eine Art der Hilfen, deren Bedeutung immer wieder unterschätzt wird, deren sich der Westernreiter aber verstärkt bedient, sind die Hilfen mittels der Stimme. Pferde haben ein sehr gut entwickeltes Gehör und lernen sehr schnell, verbale Kommandos ihrer Reiter zu befolgen. Besonders schwächere Reiter haben mit der Stimme, zusammen mit einigen Tricks, ein effektives Mittel, um auf ihre Pferde einzuwirken, wie noch näher erläutert wird.

Möglichkeiten der *Stimmhilfe* sind:

○ Wiederholung bestimmter Lautfolgen oder Worte für jeweils eine bestimmte Forderung,

○ Beruhigung oder Aufmunterung durch den Klang der Stimme.

Neben der Lautfolge ist es vor allem auch die *Stimmlage,* auf die das Pferd reagiert. Meist drückt sie eine entsprechende Stimmung des Reiters recht deutlich aus, und das Pferd weiß sehr genau, ob der Reiter z. B. verärgert oder fest entschlossen und konzentriert ist oder gar ängstlich und unentschlossen. Dies führt zu einer Art von Hilfen, deren Vorhandensein vielen Reitern überhaupt nicht klar ist – nämlich der Übertragung von Gemütszuständen des Reiters auf das Pferd und bis zu einem gewissen Grad auch umgekehrt. *Pferde reagieren äußerst sensibel auf die jeweilige psychische Verfassung des Reiters.* Ist er hektisch und nervös, wird auch das Pferd nervös reagieren; ist er ängstlich, so ist unter Umständen auch ein sonst ruhiges Pferd bei ihm ängstlich, etc. Wichtig in diesem Zusammenhang ist, daß der Reiter seine eigene Verfassung zunächst einmal einschätzen lernt. Daraufhin sollte er versuchen, dem Pferd Ruhe, Entschlossenheit und Selbstvertrauen zu signalisieren, dann werden sich Ruhe und Vertrauen des Pferdes als Reaktion darauf meist auch einstellen. Autogenes Training oder auch andere Entspannungstechniken sind evtl. zu empfehlen, um auch bei einem hektischen Reiter einen gelösten Grundzustand zu erzeugen.

Alle oben angeführten Arten von Hilfen wirken nicht isoliert, sondern zusammen und müssen aufeinander abgestimmt werden. Die Besonderheit der Westernreitweise ist dabei, daß alle Hilfen minimiert werden, wenn das Pferd gelernt hat, sie zu befolgen. Beim aus-

Galopp am losen
Zügel im Gelände

gebildeten Pferd ist nur noch ein sehr kurzer Impuls nötig, um eine erwünschte Reaktion auszulösen. Abgesehen von dem Geben dieser Impulse sitzt der Reiter im Idealfall *entspannt und passiv* im Sattel. Manche Arten von Hilfen können beim fertig ausgebildeten Pferd sogar völlig entfallen. Besonders im Bereich der Zügelhilfen wird dies deutlich. Viele gute Westernpferde sind z. B. auch völlig ohne Zäumung zu reiten.

Jede Art der Hilfe kann durch übersteigerte oder zu heftige Ausführung als Strafe wirken. Der Reiter hüte sich also davor, die Hilfen immer zu kräftig zu geben, will er dem Pferd nicht die Sensibilität nehmen. Bei einem sensiblen Pferd kann es z. B. durchaus reichen, wenn der Reiter es zur Strafe einmal anschreit.

Eine große Erleichterung für alle Arten von Hilfen ist das genaue *Beobachten des Pferdes*. Viele Reaktionen des Pfer-

des kündigen sich durch dessen Verhalten vorher an. Einer unerwünschten Reaktion kann der Reiter, erkennt er die Anzeichen frühzeitig, auch früh genug entgegenwirken. Erkennt er sie nicht oder beachtet sie nicht, so kommt seine eigene Reaktion manchmal zu spät und hat entweder keine oder nicht die erwünschte Wirkung. *Kenntnisse hinsichtlich des artspezifischen Verhaltens der Pferde erleichtern sowohl das Beobachten als auch die Einschätzung der zu erwartenden Reaktion.* Besonders das Herdenverhalten des Pferdes mit seiner weitgehend festgelegten Rangordnung kann sich der Reiter zunutze machen und sich den Gehorsam des Pferdes sichern, indem er sich selbst zum »Leittier« macht. Der Reiter lehrt also das Pferd nicht nur die Bedeutung seiner Hilfen verstehen, sondern lernt gewissermaßen auch die Sprache des Pferdes. Auch dies wird zu gegebener Zeit noch näher ausgeführt.

Für einen Anfänger, der seine ersten Stunden an der Longe absolviert, ist dies jedoch erst einmal graue Theorie. Für ihn ist es nötig, sitzen und vor allem fühlen zu lernen, um festzustellen, was das Pferd unter ihm macht.

Dazu ist es sinnvoll, wenn er sich mit einer Hand am Sattel festhält. Am besten mit der inneren Hand hinten am Cantle (siehe Grafik Seite 50). Hinten deswegen, damit er nicht mit dem Oberkörper vornüberfällt und innen, damit er sich gleich richtig in die Wendung hereinsetzt (siehe praktischer Teil, Seite 85 bis 94).

Warum reagiert das Pferd auf die Hilfen?

So mancher Neuling wird nach einem plausiblen Grund fragen, der das Pferd dazu veranlassen könnte, die Hilfen des Reiters überhaupt zu befolgen. Aufgrund seiner Größe und Stärke könnte es sich widersetzen – und würde vermutlich Sieger bleiben, wenn es der Reiter auf einen Zweikampf ankommen lassen würde. Da er sich aber möglichst von vornherein zum Ranghöheren im Bezug auf das Pferd aufschwingt, wird ihm das Pferd gehorchen, weil es zu seinem natürlichen Verhalten gehört, dem ranghöheren Tier bzw. dem Leittier zu gehorchen. Wie er dies bewerkstelligt, wird im praktischen Teil noch genauer beschrieben. Bleibt als zweite Frage, wie das Pferd überhaupt in der Lage ist, zu verstehen, was der Reiter mit bestimmten Signalen, die er ihm über Gewichtsverlagerung, Schenkeldruck, Zügeleinwirkung oder auch mit bestimmten Lautfolgen gibt, mitteilen will.

Die Antwort ist recht einfach: das junge, ungerittene Pferd versteht recht wenig von dem, was sein Reiter von ihm will. Es muß die Sprache des Reiters erst lernen. Wie gut es später auf die Hilfen des Reiters reagiert, ist zu einem großen Teil davon abhängig, wie gut es angeritten und ausgebildet wurde, ob der Ausbilder genug Geduld und Gefühl aufbrachte, das Pferd nicht überforderte oder ungerecht strafte, etc.

Zu beschreiben, wie das junge Pferd die Sprache des Reiters lernt, würde den Rahmen dieses Buches sprengen. Wichtig für den Reitanfänger ist jedoch das Verständnis der Wirkungsweise mancher Hilfen aufgrund bestimmter vorhersehbarer Reaktionsmuster des Pferdes. Wichtig deswegen, damit er auch versteht, was er tut und warum es funktioniert oder nicht funktioniert. Auch die Unterscheidungskriterien für Hilfen, auf die das Pferd – auch unausgebildet – fast von allein reagiert, weil es aufgrund seiner Anatomie kaum anders reagieren kann *(natürliche Hilfen)* und Hilfen, dessen Verständnis ihm der Reiter antrainiert hat *(angelernte Hilfen –* z. B. verbale Kommandos) sind für den Reitanfänger prinzipiell von Bedeutung. Sie sind es deswegen, weil nicht jedes Pferd das gleiche Repertoire an angelernten Hilfen versteht. Je nach Ausbilder variiert dies gerade beim Westernreiten beträchtlich.

Die natürlichen Hilfen werden dagegen von fast allen unverdorbenen Pferden verstanden und befolgt. Im folgenden will ich zuerst die natürlichen Hilfen beschreiben.

Natürliche Hilfen

Das Gleichgewicht

Sowohl der Reiter als auch das Pferd besitzen jeweils einen Schwerpunkt, dessen Lage sie durch unterschiedliche Haltungen verändern können.

Das Pferd ist in der Lage, seinen Schwerpunkt durch Strecken des Halses nach vorne und durch Aufrichten des Halses und Senken der Hinterhand nach hinten zu verlegen. Durch Biegen des Halses nach rechts oder links und durch Biegen in seiner gesamten Längsachse verlegt es seinen Schwerpunkt nach rechts oder links. Dem Hals kommt dabei die Funktion einer Balancierstange zu.

Diese Verlegung seines Schwerpunktes versetzt das Pferd in die Lage, in jedem Tempo und bei Tempo- und Richtungsänderungen sein Gleichgewicht zu erhalten.

Trägt das Pferd nun eine Last, den Reiter, so wird es bestrebt sein, seinen eigenen Schwerpunkt mit dem der Last in Übereinstimmung zu bringen, um sein Gleichgewicht zu halten. Reiter und Pferd befinden sich in einem gemeinsamen Gleichgewicht, wenn der Schwerpunkt des Reiters genau über dem des Pferdes liegt. Verlegt der Reiter seinen Schwerpunkt nach vorne, hinten, rechts oder links, so wird ihm das Pferd jeweils mit einem Strecken des Halses nach vorne (normalerweise verbunden mit einem höheren Tempo), einem Aufrichten des Halses und Senken der Hinterhand (Verlegung des Schwerpunktes nach hinten in Verbindung mit einem Verlangsamen des Tempos) oder einer Wendung nach rechts bzw. links

folgen. Es begegnet den Störungen seines Gleichgewichtes also durch ein eigenes Verlegen des Schwerpunktes in Richtung der Störung.

Dieses natürliche Verhalten macht sich der Reiter zunutze und signalisiert damit dem Pferd, wohin und wie schnell es gehen soll. Will er keine Veränderung in Tempo und Richtung, bleibt er einfach gerade, mit senkrechtem Oberkörper sitzen – das Pferd wird dann geradeaus laufen. Es gibt jedoch Ausnahmen, bei denen der Reiter das Gewicht genau entgegengesetzt zur Schwerpunkttheorie verlegt, um Schulter oder Rücken des Pferdes zu entlasten (siehe praktische Übungen / Spin, Seite 111).

Druck im Maul

Ein ähnlich natürliches Verhalten des Pferdes ist, einem einseitigen Druck im Maul durch Nachgeben auszuweichen. Wenn der Reiter nun z. B. den rechten Zügel etwas annimmt, d. h. mit dem Gebiß Druck auf die rechte Seite des Maules (siehe auch Kapitel Ausrüstung / Gebisse, Seiten 37 bis 41) ausübt, wird das Pferd zuerst den Hals nach rechts biegen, um dem Druck auszuweichen, und schließlich nach rechts abwenden, wenn das Halsbiegen keine wesentliche Besserung des unangenehmen Druckes bringt. Analog verhält sich das Pferd bei Druck auf der linken Maulseite durch Annehmen des linken Zügels. Ein Druck im Maul wirkt umso stärker, je weniger das Pferd vor dem Annehmen des Zügels im Maul gestört worden ist.

Stand der Zügel vor dem Annehmen zu einer Wendung schon leicht an, wie es in der englischen Reitweise gefordert wird, so muß etwas stärker angenom-

Schwerpunktverlagerung von Reiter und Pferd

1   leichter Sitz im Trab –
das Pferd geht mit langem
Hals, der Schwerpunkt von
Reiter und Pferd liegt weit
vorne

2   Versammelter Galopp –
der Schwerpunkt wird
durch die Aufrichtung des
Pferdes (Heben des Halses
und Senken der HH) nach
hinten verlegt

3   Extremes Senken der
HH beim Stop – die
Schwerpunkte von Reiter
und Pferd sind weit hinten

Seitliche Schwerpunktverlagerung von Reiter und Pferd

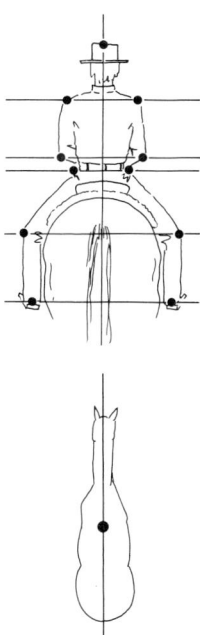 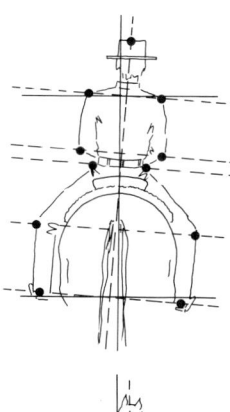

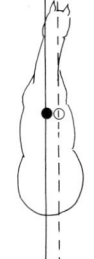

1   Gerader Sitz und gerade
gestelltes Pferd

2   Reiter sitzt nach rechts,
Pferd ist nach rechts gestellt

men werden, damit das Pferd den Unterschied erkennt. Ist der Zügel jedoch lose gewesen, wie es beim Westernreiten im Normalfall sein sollte, so genügt ein kürzerer und weniger starker Impuls.

Verlegt der Reiter nun noch zusätzlich sein Gewicht in die richtige Richtung (z. B. Gewicht nach rechts + Zügel annehmen rechts) so ist dies schon ein Zusammenspiel zweier Hilfen, die das gleiche Ziel haben: das Pferd zu einer Wendung zu veranlassen. Übt er kurz beidseitig Druck auf das Maul aus und verlegt seinen Schwerpunkt nach hinten, wird das Pferd in den allermeisten Fällen stehen bleiben.

Wichtig ist, den *Druck nie zu lange oder zu fest* auszuüben. Das Pferd könnte sonst dazu veranlaßt werden, sich gegen den Druck zu wehren statt ihm nachzugeben (lang andauernder Druck erzeugt Gegendruck!). Reagiert das Pferd nicht auf einmaliges Annehmen des Zügels (kurzes Zupfen am Zügel), so muß der Reiter nachgeben und erneut annehmen – solange, bis das Pferd in gewünschter Weise reagiert. Unter Umständen muß der Reiter auch einmal den entgegengesetzten Zügel annehmen, wie im praktischen Teil noch erklärt wird.

Zusätzlich zum inneren, in Richtung der beabsichtigten Wendung angenommenen Zügel legt der Westernreiter den äußeren Zügel (also bei einer Wendung nach rechts den linken) an den Hals des Pferdes an. Die innere Hand führt er mit dem Zügel weit heraus, so daß die Bewegung beider Hände dem Lenken eines Fahrrades gleicht. Durch diesen angelegten äußeren Zügel wird später der angenommene innere Zügel in einer Wendung ersetzt, wenn das Pferd auf Kandare einhändig *(Neck-Reining)* geritten werden soll. *Es handelt sich dabei um eine angelernte Hilfe, die die natürliche ersetzt.* Das Pferd wird im Neck-Reining gelenkt, indem der Reiter die Zügelhand waagrecht nach rechts bzw. links über den Mähnenkamm des Pferdes bewegt und damit den äußeren Zügel an den Hals des Pferdes anlegt. Dieser äußere Zügel wird *Druckzügel* genannt. Das ausgebildete Pferd weicht dem Druckzügel aus. Wenn also der rechte Zügel am Hals anliegt, so wendet das Pferd nach links ab und umgekehrt. Trotzdem biegt das Pferd den Hals in Richtung der Wendung – das ist eine von der ursprünglich natürlichen Hilfe (Annehmen des inneren Zügels in einer Wendung) übriggebliebene Verhaltensweise. Das Pferd sollte erst nach frühestens 1½ Jahren auf Kandare umgestellt werden, damit sich dieses Biegen im Hals gefestigt hat und das Pferd nicht beim Neck-Reining mit nach außen gestelltem Hals abwendet.

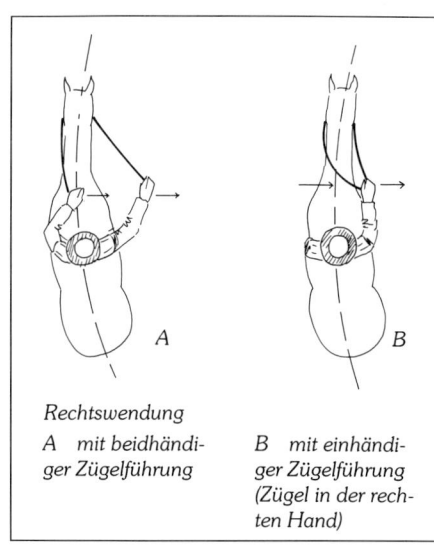

Rechtswendung
A mit beidhändiger Zügelführung

B mit einhändiger Zügelführung (Zügel in der rechten Hand)

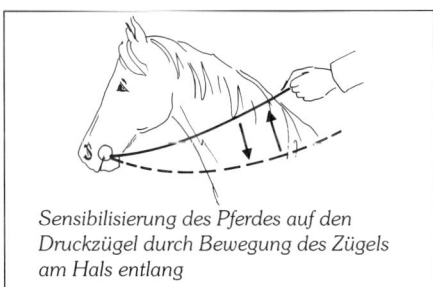

Sensibilisierung des Pferdes auf den Druckzügel durch Bewegung des Zügels am Hals entlang

Das Anlegen des äußeren Zügels (d. h. die seitliche Bewegung der Zügelhand beim Neck-Reining) darf nicht so weit übertrieben werden, daß der angelegte Zügel dabei ansteht, also Druck auf das Maul des Pferdes ausübt. Geschieht dies, so verkantet sich das Gebiß im Maul; das Pferd verwirft sich im Hals, d. h. es schaut nicht in die Richtung, in die es abwendet (wie es richtig wäre), sondern in die entgegengesetzte. Auch bei der einhändigen Zügelführung sind die Zügel grundsätzlich lose! Um das Pferd auf den äußeren Zügel zu sensibilisieren, kann der Reiter ihn am Hals des Pferdes entlang bewegen.

Kreuz anspannen

Eine dritte, prinzipiell eher natürliche Hilfe ist das sogenannte Kreuzanspannen: der Reiter hält die Muskulatur in seinem Rücken fest. Er sitzt nicht mehr passiv und anschmiegsam (s. Seite 12), sondern behindert bewußt die Rückenbewegung des Pferdes. Dieses Festhalten des Reiterrückens veranlaßt das Pferd zu einem Verlangsamen des Tempos. Dieses Verhalten erklärt sich dadurch, daß der Pferderücken bei höherem Tempo in jeder Gangart stärker schwingt. Wird die Schwingung durch ein Anspannen des Reiterkreuzes behindert, so empfindet das Pferd dies als

unangenehm und beseitigt die Störung durch Verringerung der Rückenbewegung = Verlangsamung. Der Reiter kann sein Kreuz zwar auch zur Verstärkung des Tempos einsetzen, indem er das Pferd durch »Schieben« (durch Vorschieben des Beckens im Takt der Bewegungen des Pferdes) zu einem stärkeren Schwingen des Rückens auffordert. In der Westernreitweise wird diese Hilfe jedoch meist nicht verwendet, da die Tempoverstärkung – vor allem beim fertig ausgebildeten Pferd – nur über Gewichtsverlagerung nach vorn und evtl. etwas Schenkeldruck geritten werden soll.

Da der Westernreiter nicht bei jedem Anspannen des Kreuzes die Unterschenkel einsetzt, wie sein englischer Kollege, bekommt der Kniedruck eine besondere Bedeutung.

Kniedruck

Spannte der Reiter einfach nur sein Kreuz an, um die Bewegungen des Pferdes zu blockieren, und wollte dabei mit locker herabhängenden Beinen sitzen bleiben, wie es im passiven Sitz richtig ist, so würde er sich selbst aus dem Sattel hebeln. Er muß also einen Gegenpol zum Anspannen des Kreuzes schaffen. Dies tut er durch Druck mit beiden Knien. Er »macht die Knie zu«, wie es in der englischen Reitweise heißt. Dieser beidseitige Kniedruck kann bei einem gut ausgebildeten, sensiblen Pferd im Zuge der Reduzierung der Hilfengebung (siehe Seiten 30 bis 32) das Anspannen des Kreuzes zu einem großen Teil ersetzen. Das Pferd reagiert schließlich schon auf das Zudrücken der Knie genauso wie auf ein Kreuzanspannen mit einer Verlangsamung des Tempos. Einseitiger Knie-druck ersetzt dementsprechend unter Umständen das einseitige Anspannen des Kreuzes in engeren Wendungen.

Auch der Schenkeldruck (siehe näch-ster Abschnitt) kann teilweise später durch Kniedruck ersetzt werden. Die Knie (bzw. das Knie) werden dabei ein-fach aus dem Oberschenkel heraus zu-gedrückt. Die Hilfen »Kreuz anspan-nen« und »Kniedruck« können im Ge-gensatz zu den anderen Hilfen auch einmal etwas länger andauern.

Körperdrehung

Pferde, die schon sensibel auf Ge-wichtsverlagerung, den äußeren Druck-zügel sowie auf das »in die Wendung hineinführen« des inneren Zügels mit-tels der inneren Hand reagieren, kön-nen mittels einer einfachen Drehung des Oberkörpers in die Wendung diri-giert werden. Durch das Drehen des Oberkörpers aus der Hüfte heraus bela-stet der Reiter seinen inneren Gesäß-knochen minimal mehr als den äuße-ren. Die äußere Hüfte schiebt sich dabei leicht vor (siehe auch Hilfengebung »schnelle Galoppzirkel«, ab Seite 91). Die komplette Schulterpartie des Rei-ters dreht sich mit in die Wendung. Die Schultern bleiben parallel zu den Hüft-knochen. Das bedeutet, daß beide Un-terarme sich mitdrehen, wenn sie in ihrer Position aus der Schulter heraus stabil bleiben. Innere Hand und äußere Hand bewegen sich nach innen. Die äußere Hand legt dabei automatisch den Druckzügel an den Hals an. Der Begriff »Körperdrehung« faßt also prin-zipiell mehrere Hilfen zusammen, ist für den Anfänger aber evtl. schneller umzu-setzen, da er sich nur einen Bewegungs-ablauf einprägen muß statt mehrerer, die zusammenwirken. Die Körperdre-hung ist umso stärker, je enger die Wen-dung sein soll.

Mit diesen fünf Hilfen verlassen wir nun schon größtenteils das Gebiet der na-türlichen Hilfen.

Angelernte Hilfen

Schenkeldruck

Schon die Reaktion des Pferdes auf Druck des Unterschenkels sowie auf eine Veränderung der Lage des Unter-schenkels ist anfangs nicht mehr bei jedem Pferd sofort die gleiche. Das Pferd soll normalerweise dem Druck des Unterschenkels ausweichen. Je nach *Lage des Unterschenkels* weicht es eher mit den Vorderbeinen (Vorhand), mit den Hinterbeinen (Hinterhand), durch einfaches Abwenden oder durch Biegen in den Rippen (in Verbindung mit Zügelannehmen und einem anders gelagerten Schenkeldruck auf der an-deren Seite) dem Druck aus. Liegt z. B. der rechte Unterschenkel etwa *am Sat-telgurt* und übt dort kurz Druck aus, so weicht das Pferd nach links aus (einer Hilfe zu einer Linkswendung, die mit Gewicht links und Zügelimpuls links eingeleitet wird, kann durch einen kur-zen Schenkeldruck rechts mehr Nach-druck verliehen werden). Drückt der rechte Schenkel am Gurt, und das Pferd soll sich in den Rippen biegen, wie es für manche Lektionen (z. B. Schenkel-weichen) notwendig ist, so ist es nötig, mit dem linken Schenkel etwas weiter hinter dem Gurt »gegenzuhalten« und mit dem rechten Zügel einen kurzen Impuls zu geben, damit sich das Pferd praktisch um den rechten Schenkel biegt (diesen Ausdruck gibt es auch in der englischen Reitweise).

Nun ist damit auch schon die Lage des Schenkels *hinter dem Gurt* angerissen. Liegt der Unterschenkel weiter hinten, so wirkt er verstärkt auf die Hinterbeine, die dem Druck dann ausweichen. Liegt er *vor dem Gurt,* so wirkt er verstärkt auf die Vorderbeine. Unter Umständen kann man ein Westernpferd auch einmal mit der flachen Seite des Fußes an der Schulter »anklopfen«, wenn es mit der Vorhand schlecht auf den Unterschenkel reagiert.

Schenkelhilfen wirken nie isoliert, sondern immer im Zusammenhang mit anderen Hilfen. Aus diesem Zusammenhang wirken sie recht unterschiedlich, wie im praktischen Teil noch zu sehen sein wird. Wie bei allen Hilfen im Bereich Westernreiten wird auch die Hilfe mit dem Unterschenkel nur kurz gegeben und nötigenfalls mehrmals wiederholt. Andauernder Druck ist falsch.

Es gibt junge Pferde, die dem kurzen Druck des Schenkels nicht nach der gegenüberliegenden Seite ausweichen – also dem Druck des rechten Reiterschenkels nach links weichen – sondern gegen den Schenkel drücken. Dann muß ihnen der Reiter durch die dem Pferd eher verständlichen Hilfen der Gewichtsverlagerung und des Zügeldruckes klarmachen, daß es dem Druck des Schenkels ausweichen soll.

Er drückt also mit dem rechten Schenkel, legt dabei sein Gewicht nach links und zupft am linken Zügel. Die beiden letzten Hilfen kennt das Pferd und wird sie meist trotz des rechten Schenkeldruckes befolgen. Mit der Zeit lernt es so, daß Schenkeldruck rechts an einer bestimmten Stelle ein Ausweichen bzw. eine Wendung nach links bedeutet.

Der Reiter gibt den Schenkeldruck aus dem Knie heraus mit leicht eingedrehten und aufwärtsgebogenen Fußspitzen. Nur so hat er genug Kraft in der Wade, um nicht fehlerhaft mit dem Absatz treiben zu müssen, wie man es leider immer wieder sehen kann. Auch ein tiefes Austreten des Bügels verstärkt den Schenkeldruck (mehr Gewicht in den Bügel bringen). Ignoriert das Pferd einen Schenkeldruck, so kann der Reiter ruhig einmal stärker klopfen und dabei etwas mit dem Unterschenkel »ausholen«. Funktioniert das nicht, so verstärkt er besser seine Forderung durch einen Klaps mit der Gerte – wenn er gelernt hat, seine Beine ruhig zu halten, auch mit einem gezielten Sporenstich. Dauerndes »Bolzen« mit den Unterschenkeln sollte er auf jeden Fall vermeiden – damit stumpft er sein Pferd ab.

Genauso stumpft er es natürlich ab, wenn er dauernd die Sporen einsetzt. Deswegen hier noch einmal: Sporen sind nur für den Reiter sinnvoll, der die Bewegungen seiner Unterschenkel genau steuern kann.

Ähnlich funktioniert es bei allen anderen angelernten Hilfen. Der Reiter greift auf natürliche oder schon begriffene angelernte Hilfen zurück, um dem Pferd eine neue angelernte Hilfe verständlich zu machen. Im Fall des Druckzügels wird eine natürliche durch eine angelernte Hilfe ersetzt. Besonders die *stimmlichen Hilfen* sind alle angelernt – viele davon bei der Arbeit an der Hand (siehe Seiten 54 bis 67). Wichtig bei der Arbeit mit dem Pferd ist das *Loben.* Egal ob es sich um einen Anfänger handelt, der sein Pferd dafür lobt, daß es wenigstens ungefähr das macht, was er sich vorstellt, oder einen Ausbilder, der schwierigere Dinge vom Pferd fordert – das Lob hält ein Pferd bei Laune. Es ist seine Bestätigung dafür, daß es richtig reagiert hat und der Reiter zufrieden ist. Der Reiter kann auf verschiedene Weise loben:

a. durch gutes Zureden mit weicher Stimme,
b. durch leichtes Klopfen am Hals,
c. durch einfaches In-Ruhe-lassen (eine Schrittpause am langen Zügel) nach einer gelungenen Lektion,
d. durch Futter (besonders bei der Arbeit an der Hand).

Zudem hat jede Reiter-Pferd-Kombination, die schon eine Weile zusammenarbeitet, ein spezielles nuanciertes Hilfen-Repertoire. Dies ist abhängig von dem Reitstil des Ausbilders.

Bei sehr fein auf den jeweiligen Ausbilder abgestimmten Pferden braucht ein anderer Reiter fast so etwas wie eine »Bedienungsanleitung« für die Eigenheiten des Pferdes, welche ein guter Ausbilder nicht unterdrückt, sondern nur formt.

Wenn sich ein Pferd auf seinen ständigen Reiter eingestellt hat, wird diese Nuancierung verstärkt hervortreten und zur Minimierung der Hilfengebung beitragen. Bei einer guten (d. h. passenden) Reiter-Pferd-Kombination kann der starke Bezug des Pferdes auf den Reiter für einen Zuschauer schon fast nach Telepathie aussehen. Ist der Reiter Anfänger, wird er diesen Umstand nicht bemerken. Er sollte jedoch darum wissen, um später gegebenenfalls auf einen solchen Idealzustand hinarbeiten zu können.

Minimalhilfengebung

Abschließend zum Kapitel Hilfengebung soll der Begriff der Minimalhilfengebung noch einmal besonders verdeutlicht werden, denn er ist der Schlüssel zum Westernreiten. *»Minimale Hilfen« bedeutet prinzipiell: Soviel wie nötig, sowenig wie möglich Einwirkung des Reiters.* Dieser Leitsatz beinhaltet, daß je nach Ausbildungsstand und Temperament des Pferdes die zwingend notwendigen Hilfen sehr unterschiedlich aussehen hinsichtlich ihrer Intensität und der Dauer ihrer Anwendung. Zwingend notwendig sind z. B. bei einem faulen Pferd treibende Hilfen (mit Druck beider Unterschenkel, Gewichtsverlagerung leicht nach vorne, evtl. unterstützt von dem einen oder anderen Klaps mit der Gerte und u. U. einem Stich mit dem Sporn), die die Hinterhand aktivieren. Diese werden aber sofort *völlig eingestellt,* wenn das Pferd richtig reagiert, d. h. seine Hinterbeine gut einsetzt. Bei einem hektischen Pferd wirken dagegen verhaltende Hilfen vor (Gewichtsverlagerung nach hinten, öfteres Annehmen der Zügel). Sobald das Pferd auf eine Hilfe zum Langsamerwerden gut reagiert, wird wieder jede Hilfengebung eingestellt. Der Reiter sitzt dann völlig passiv und schwingt nur locker in den Bewegungen des Pferdes mit. Die Pferde empfinden dieses »In-Ruhe-lassen« natürlich als angenehm und werden bestrebt sein, öfter in Ruhe gelassen zu werden.

Auch wenn ein junges Pferd eine neue Übung lernt, so wirkt der Reiter manchmal dauernd mit der für die jeweilige Übung notwendigen Kombination von

Minimalhilfengebung

Hilfen ein (mit dauernd ist immer eine Einwirkung in Intervallen gemeint, jedoch in sehr kurzen Intervallen). Das Pferd wird also praktisch laufend durch die Einwirkung des Reiters korrigiert und dann ganz kurz wieder in Ruhe gelassen. Der Reiter muß nun darauf hinarbeiten, die Reprisen, in denen er das Pferd nicht korrigieren muß, zu verlängern. Wenn er konsequent bei jeder richtigen Reaktion *sofort* mit der Einwirkung aufhört und das Pferd durch einen passiven, aufrechten Sitz und das Fehlen jeden Druckes im Maul belohnt, so werden die Korrekturphasen schnell kürzer.

Mit der Zeit braucht er die entsprechende Hilfe für eine bestimmte Übung nur noch am Anfang zu geben, und das Pferd führt die gewünschte Lektion so lange aus, bis ein gegenteiliger Befehl vom Reiter kommt.

Will der Reiter z. B., daß das Pferd ohne dauernde Einwirkung des inneren Zügels und des äußeren Schenkels auf einer Zirkellinie bleibt, so gibt er einmal die Hilfen zum Abwenden und läßt das Pferd sofort wieder zufrieden. Solange es auf der gebogenen Kreislinie bleibt, unternimmt der Reiter nichts und bleibt mit einer leichten Körperdrehung nach innen passiv sitzen. Will das Pferd die kreisrunde Ideallinie verlassen, so korrigiert der Reiter durch kurzes Annehmen des inneren Zügels und Druck des äußeren Schenkels (evtl. Sporeneinsatz außen oder Gerteneinsatz an der äußeren Schulter). Er darf jedoch erst dann korrigieren, wenn das Pferd wirklich die Zirkellinie verlassen will – also wenn es einen deutlichen Fehler macht. Korrigiert er zu früh und ist ängstlich darauf bedacht, sein Pferd auf der kreisrunden Ideallinie zu halten, so wirkt er zuviel, in eher englischer Manier, ein. Er muß also das Pferd den Fehler erst richtig machen lassen, es dann korrigieren und nach der Korrektur *deutlich* durch passiven Sitz und fehlende Zügeleinwirkung belohnen.

Die einmal auf dem Zirkel eingenommene Körperdrehung aus der Hüfte behält der Reiter jedoch ständig bei – sie ist für das Pferd das »Erkennungszeichen«, daß es auf der gebogenen Linie bleiben soll. Die Körperdrehung mit außen anliegendem Druckzügel (Neck-Reining) ohne Annehmen des inneren Zügels und ohne Schenkeldruck außen bedeutet die Minimierung der Hilfengebung für das Reiten auf dem Zirkel (in jeder Gangart). Das Annehmen des inneren Zügels und Druck mit dem äuße-

ren Schenkel sind nur Korrekturhilfen, die im Zuge der Minimierung der Hilfen entfallen.

Zur Minimierung des Druckes bei einer Zügelhilfe trägt die Forderung des losen Zügels wesentlich bei. Ein plötzlicher Druck wirkt unangenehmer im Maul des Pferdes als die Druckverstärkung eines vorher leicht anstehenden Zügels (vgl. englische Zügelhilfen). Das Pferd wird dementsprechend schneller auf weniger Druck reagieren. Das westerntypische »Neck-Reining« ist das Paradebeispiel der Minimierung der Zügelhilfen: Der richtunggebende innere Zügel entfällt völlig beim ausgebildeten Pferd. Ein Zügelannehmen bei Tempoverlangsamung wird durch Gewichtsverlagerung nach hinten und Kniedruck ersetzt. Ein Stop wird bei sehr gut ausgebildeten Pferden durch Anheben der Zügel eingeleitet und durch Senken der Zügel ausgeführt (mit den jeweiligen Gewichtshilfen), ohne daß der Zügel sichtbar ansteht.

Wichtig ist bei der Minimierung der Hilfen, daß bestimmte »richtige« Bewegungsabläufe beim Pferd gefestigt sind. Erst dann reagiert es auch auf weniger bzw. schwächere Hilfen noch richtig. Fazit: Die Minimierung der Hilfengebung ist das *Ziel* der Westernausbildung, nicht ihr Anfang. Bei jungen oder problematischen Pferden muß unter Umständen anfangs in fast englischer Manier der Hilfengebung eingewirkt werden, um Fehler oder Unarten zu korrigieren und sie den nötigen Respekt vor den Hilfen zu lehren. Die Minimierung der Hilfen ist jedoch auch abhängig vom Pferdetyp. Faule Pferde müssen meist mit mehr Hilfen geritten werden als temperamentvolle.

Die richtige äußere Form des Pferdes (Haltung)

In der Westernreitweise wird wenig Wert auf eine schablonenhafte äußere Form (= Haltung) des Pferdes gelegt. Das »Am-Zügel-stehen« des Pferdes, bei dem es im Genick abknickt und die Nasenlinie kurz vor der Senkrechten stehen soll, welches bei den englischen Reitern manchmal in zwanghafter Manier überbewertet wird, spielt beim Westernreiten eine untergeordnete Rolle. Die Westernreiter haben für dieses Abknicken im Genick zwar auch einen Ausdruck – sie nennen es »Head-Set« – jedoch bekommt dieser Head-Set hauptsächlich in fortgeschrittenen Ausbildungsstadien Bedeutung sowie beim Rückwärtsrichten, wo es meist das Kriterium für ein im Rücken lockeres

Pferd darstellt. Ansonsten geht das Pferd in der Haltung, die seinem Exterieur (seinem Körperbau) und seinem Ausbildungsstand entspricht. Die »richtige« Haltung (auch der Head-Set) ergibt sich daraus von allein.

Man kann prinzipiell sagen, die Haltung des Pferdes stimmt dann, wenn es den Reiter gut sitzen läßt, also locker im Rücken ist, und wenn seine Hinterhand vermehrt das Gewicht von Reiter und Pferd trägt, also die schwächere Vorhand des Pferdes entlastet wird. Ob das Pferd dabei mit etwas längerem Hals oder mit höher getragenem Hals (aufgerichtet) geht, ob es die Nase mehr oder weniger vor der Senkrechten hat, ergibt sich aus der jeweiligen Übung, die es

Galopp ohne Zäumung
Das Reiten ohne Zäumung ist nach vorbereitendem Gehorsamstraining und nach Festigung
bestimmter Bewegungsabläufe prinzipiell mit jedem Pferd möglich. Das Bild zeigt eine Vollblutstute,
die 6 Jahre lang erfolgreich Rennen lief, etwa 1 Jahr nach der Umstellung auf die Westernreitweise.

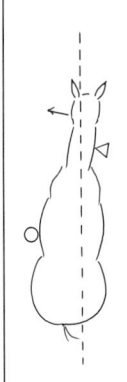

Korrektur des schief nach links gehenden Pferdes

linker Schenkel treibt hinter dem Gurt
rechter Zügel liegt am Hals an und wird angenommen
der linke Zügel wird höher genommen und evtl. etwas seitlich herausgeführt

bewältigen soll. Der Reiter sollte jedoch nicht das Gefühl haben, »bergab« zu sitzen.

Wichtig ist, daß der Reiter beurteilen kann, ob das Pferd die Hinterhand gut einsetzt. Dafür gibt es ein einfaches Kriterium. Wenn der Reiter das Tempo verlangsamen will, in die nächstniedrige Gangart wechseln oder einen Stop aus Trab oder Galopp verlangt und dies prompt und ohne kräftiges Annehmen der Zügel erreicht, so kann er davon ausgehen, daß das Pferd seine Hinterbeine genug untersetzt. Würde es dies nicht tun, so müßte es für seinen Schwung aus der schnelleren Bewegung eine Stütze in der Reiterhand suchen, sich auf den Zügel legen (fortgeschrittene Reiter können versuchen, nachdem einige Übungen mit Zäumung gefestigt sind, ihre Pferde ohne Zäumung – mit Halsring o. ä. – zu reiten und daran messen, ob Stops und Gangartenwechsel wirklich ohne Zügeleinwirkung passabel funktionieren). Guter Takt, auch in extrem langsamem Tempo jeder Gangart ist ein weiteres Kriterium.

Die Hinterhandarbeit ist deswegen so wichtig, weil ein genügender Einsatz der kräftigeren Hinterbeine das zusätzliche Gewicht von Reiter und Sattel auffängt. Übernimmt die schwächere Vorhand diese Aufgabe, so führt dies meist zu Überlastungen der Sehnen der Vorderbeine und schließlich zu Sehnenschäden. Viele Manöver und Übungen beim Westernreiten sind ohne gutes Training der Hinterhand überhaupt nicht machbar, denn das Pferd würde bei schnellen Drehungen und Stops schlicht und einfach das Gleichgewicht verlieren, würde nicht der Schwerpunkt von Reiter und Pferd stärker auf die Hinterhand verlegt.

Worauf der Reiter noch achten muß ist, daß das Pferd geradegerichtet geht. Jedes Pferd ist auf einer Seite von Natur aus steifer. Auf dieser Seite neigt es dazu, sich dem Untertreten mit dem jeweiligen Hinterbein zu entziehen. Das führt dazu, daß es – besonders im Galopp – die Hinterhand schief stellt und nicht mit dem Hinterbein in die Spur des Vorderbeines tritt. Der Reiter korrigiert dies durch Annehmen des äußeren Zügels und Druck des inneren Schenkels hinter dem Gurt. Die innere Hand nimmt er dabei höher.

Wenn später das Annehmen des äußeren Zügels auch ohne Druck des inneren Schenkels das innere Hinterbein dazu veranlaßt, besser unter- und in die Spur des Vorderbeines zu treten, so spricht man von diagonaler Durchlässigkeit. Der englische Reiter sagt dazu: das Pferd steht am äußeren Zügel. Besonders für das Neck-Reining ist dies wichtig, da der äußere Zügel durch die Bewegung der Zügelhand über den Mähnenkamm herüber eher einmal ansteht als der innere Zügel.

Das Exterieur

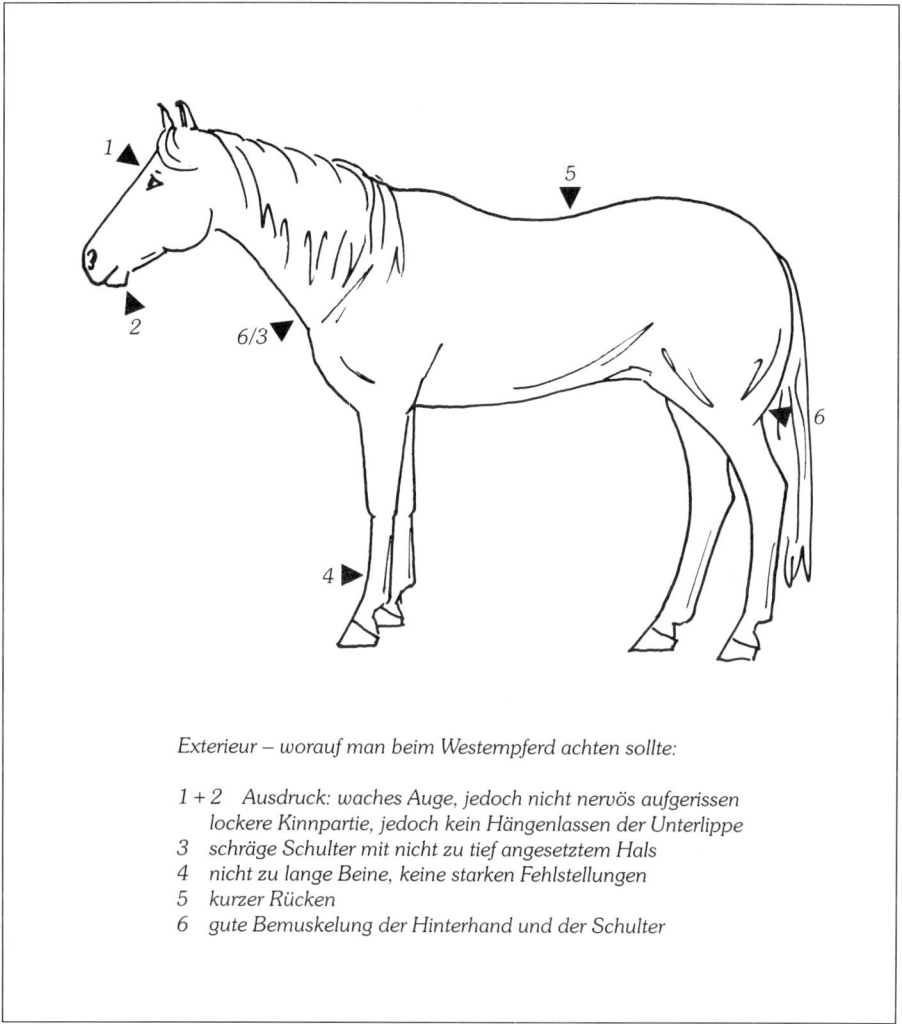

Exterieur – worauf man beim Westernpferd achten sollte:

1 + 2   *Ausdruck: waches Auge, jedoch nicht nervös aufgerissen*
       lockere Kinnpartie, jedoch kein Hängenlassen der Unterlippe
3   *schräge Schulter mit nicht zu tief angesetztem Hals*
4   *nicht zu lange Beine, keine starken Fehlstellungen*
5   *kurzer Rücken*
6   *gute Bemuskelung der Hinterhand und der Schulter*

Kalifornisch / Texanisch

Ursprünglich gab es zwei Hauptströmungen innerhalb des Westernreitens – die kalifornische Methode und die texanische Methode. Der kalifornische Reitstil war der spanischen Reitweise und damit auch der hierzulande betriebenen klassisch-englischen Reitweise recht ähnlich. Das erste Ausbildungsjahr wurde auf Trense (Snaffle Bit), das zweite auf Bosal (siehe Seite 39) absolviert, um das Maul des Pferdes während des Zahnwechsels zu schonen. Im dritten Jahr wurde das Pferd mittels einer Doppelzäumung aus Bosal + Kandare darauf vorbereitet, im Neck-Reining zu gehen. Die Kandare selbst ist im kalifornischen Stil eine sehr scharfe, das California Spade Bit oder eine Variante desselben (siehe auch Seiten 46 und 47).

Das fertige kalifornisch ausgebildete Pferd wird zwar auch mit minimalen Hilfen geritten – es geht jedoch in den meisten Fällen etwas aufgerichtet, wie auch das klassisch-englische Dressurpferd. Die Zügel hängen zwar durch, sind jedoch so schwer, daß das Pferd nur mit Head-Set keinen Druck im Maul verspürt. Der schwere Zügel (viele kalifornische Zügel werden vorne durch eingearbeitete Metallhaken oder Ketten noch schwerer gemacht) wirkt also schon fast wie ein leicht anstehender Zügel. Typisch für die kalifornische Reitweise ist z. B. die deutliche Biegung des Pferdes in Wendungen, ein Stop, bei dem der Reiter den Pferderücken entlastet und ein der klassischen Galopp-Pirouette ähnlicher Spin (siehe auch praktischer Teil ab Seite 78).

Bei der Ausbildung des texanischen Pferdes legte man wenig Wert auf Aufrichtung. Es war eine viel grobere Methode – viel mehr arbeitsorientiert als die kalifornische. Das Pferd wurde etwa ein Jahr auf Trense geritten und dann mittels Pelham-ähnlicher Trainingsgebisse (siehe Seiten 41 bis 46), die mit einem oder zwei Paar Zügel benutzt wurden, auf das Neck-Reining und schließlich auf blanke Kandare umge-

stellt. Die Kandarengebisse in der texanischen Methode waren sehr viel milder, meist sogenannte Grazer-Bits mit kurzen, nach hinten gebogenen Hebeln. Mit einem solchen Gebiß konnte ein Pferd notfalls auch fressen, ohne hängenzubleiben und sich zu verletzen. Typisch texanisch ist eine Vernachlässigung der Biegung des Pferdes, Stops, bei denen der Reiter den Pferderücken voll belastet (vergleichbar der englischen Parade zum Halten) und der trabartig gelaufene Spin.

Heutzutage, besonders im modernen Reiningsport, haben sich die Methoden teilweise vermischt, um eine möglichst schnelle und effektive Ausbildung des Pferdes zu ermöglichen (eine Entwicklung, die nicht unbedingt zu begrüßen ist, da die Pferde zu früh zu viel Leistung erbringen müssen). Die scharfen kalifornischen Gebisse werden kaum noch verwendet, desgleichen das Bosal. Die Pferde werden schon sehr früh mit kurzhebeligen, meist gebrochenen Trainingsgebissen geritten und manchmal schon im ersten Ausbildungsjahr auf Neck-Reining umgestellt. Der Biegung und Gymnastizierung des Pferdes wird jedoch im Training ein höherer Stellenwert eingeräumt als in der ursprünglichen texanischen Methode. Der pirouettenartige kalifornische Spin wiederum ist auf dem Turnier verpönt, da der trabartige Spin viel rasanter zu reiten ist. Eine Vermischung beider Reitstile kann sicherlich auch für den Freizeitreiter sinnvoll sein, denn er kann sich (vorausgesetzt er besitzt genug Erfahrung mit Pferden) je nach eigenen Bedürfnissen und Eigenheiten des Pferdes aus beiden Methoden Passendes heraussuchen und kombinieren.

Die Ausrüstung und ihre Verwendung

Verwirrend für den Neuling wie auch für den aus der klassisch-englischen Reitweise »vorgebildeten« Reiter ist die Vielzahl von Gebissen, die der Westernreiter verwendet. Prinzipiell kann man jedoch alle Zäumungen in vier Haupt-Kategorien unterbringen. Nachfolgend werden diese vier Kategorien aufgezählt und die prinzipielle Wirkungsweise der Gebisse erläutert. Vorangestellt sei noch einmal, daß es beim Westernreiten darauf ankommt, neben der allgemeinen Minimierung der Hilfen besonders die Zügelhilfen immer mehr zu verringern. Bei jeder Art von Gebiß muß also darauf geachtet werden, mit jeweils geringstem Druck und geringster Dauer der Zügelhilfe auszukommen. Je nach Ausbildungsstand des Pferdes ist der notwendige »Minimalaufwand« jedoch höher oder niedriger. Es gilt die Regel: Soviel wie nötig (um die gewünschte Wirkung zu erzielen) und so wenig wie möglich (mit Tendenz zu noch weniger bei steigendem Gehorsam und zunehmender Sensibilität des Pferdes).

Jedes Zupfen am Zügel (Annehmen des Zügels) bei einem solchen Gebiß wirkt genau auf der Seite, auf der der Reiter »zupft« (von Ziehen redet man beim Reiten nur sehr ungern!), und mit der Kraft, die der Reiter dafür aufwendet. Man spricht von einer *direkten Wirkung* des Zügels. Wenn der Reiter also den rechten Zügel annimmt und einen Zug von 100 Gramm ausübt, so spürt das

Snaffle-Bit (doppelt gebrochene Trense)

Snaffle-Bit aus rostendem Eisen mit den beim Westernreiten gebräuchlichen großen Ringen

Die Trense (Snaffle-Bit)

Die Trense ist ein gebrochenes Gebiß mit einem oder zwei Gelenken (einfach gebrochene Trense / doppelt gebrochene Trense) ohne Hebelwirkung. Es ist das Standard-Gebiß schlechthin für junge Pferde im ersten Ausbildungsjahr und für unerfahrene Reiter.

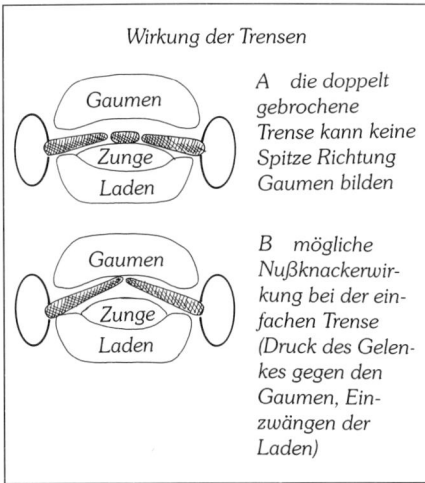

Wirkung der Trensen

Gaumen
Zunge
Laden

A die doppelt gebrochene Trense kann keine Spitze Richtung Gaumen bilden

Gaumen
Zunge
Laden

B mögliche Nußknackerwirkung bei der einfachen Trense (Druck des Gelenkes gegen den Gaumen, Einzwängen der Laden)

Pferd genau diese 100 Gramm als Druck auf der rechten Lade und dem rechten Teil der Zunge.

Die Trense liegt richtig im Maul, wenn sie im Maulwinkel anliegt, diesen aber nicht hochzieht. Das passende Kopfstück dazu ist ein Einohrzaum. Leicht zu handhaben sind die schweren kalifornischen Snaffle-Bit Reins (Zügel), die es dem Reiter erleichtern, die Zügellänge zu korrigieren, weil sie, macht der Reiter die Hand auf, von allein durchrutschen (sie sind aus breit geflochtenem Kunststoff – auch schwere, breite Lederzügel dienen diesem Zweck). Der Reiter kann also sehr schnell die Zügel verkürzen, wenn es notwendig ist. Unter dem Kinn des Pferdes wird ein Distanzriemen in die beiden Trensenringe eingeschnallt, der ein Durchziehen des Gebisses durch das Maul verhindern soll, wenn der Reiter (z. B. bei Widersetzlichkeiten des Pferdes) gezwungen ist, den Zügel einmal mit mehr Druck anzunehmen.

Die Zügel hängen im Normalfall immer durch und werden nur angenommen, wenn der Reiter etwas von seinem

Pferd will. Nun wirkt ein vorher durchhängender, loser Zügel natürlich schärfer als ein vorher leicht anstehender, bei dem nur der Druck verstärkt wird, wenn der Reiter eine Hilfe geben will (wie in der englischen Reitweise gehandhabt). Jedoch ist diese schärfere Wirkung durchaus erwünscht, denn sie lehrt das Pferd Respekt vor dem Zügel und stumpft es weniger ab, als wenn ein Reiter mit unruhiger Hand versucht, elastischen Kontakt zum Pferdemaul zu halten, wie es in der englischen Reitweise gefordert ist. Dadurch, daß der Zügel leicht durchhängt, bedeutet ein Annehmen des Zügels manchmal eine Bewegung des Reiters aus dem Ellbogen heraus, nicht nur aus dem Handgelenk, wie es die englische Reitweise vorschreibt. Erst mit zunehmender Sensibilisierung des Pferdes und beim späteren Reiten auf Kandare werden großrahmige Bewegungen mit dem Zügelarm zugunsten fast unsichtbarer Bewegungen, die aber auch noch z. T. mit dem ganzen Unterarm eingeleitet werden, aufgegeben.

Lage der Trense im Maul:
Weiter dürfen die Maulwinkel nicht hochgezogen werden.

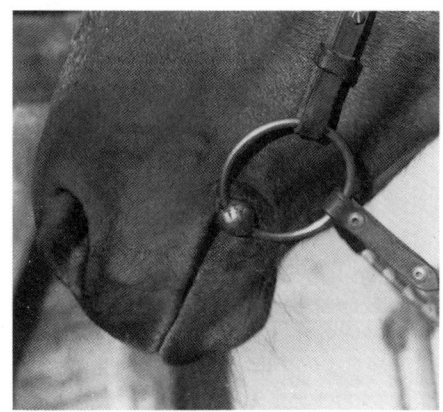

Die doppelt gebrochene Trense hat den Vorteil, daß bei einem ab und zu nötigen Annehmen beider Zügel keine sogenannte »Nußknacker-Wirkung« entstehen kann, bei der dem Pferd der Unterkiefer eingezwängt wird und das Gelenk eine Spitze Richtung Gaumen bildet. Durch das Gelenk (die Gelenke) in der Trense entsteht bei einseitigem Annehmen des Zügels kein Druck auf die gegenüberliegende Maulseite.

Das Pferd gibt nun im allgemeinen dem einseitigen Druck des Zügels nach, indem es Kopf und Hals in die Richtung des Zügeldruckes biegt und schließlich in diese Richtung abwendet. Der Westernreiter begünstigt diese Reaktion noch, indem er die innere Hand, mit der er den Druck ausübt, weit nach innen herausführt. Damit zeigt er dem Pferd praktisch den Weg in eine Wendung hinein. Der äußere Zügel liegt dabei am Hals des Pferdes an (Druckzügel)! An diesen angelegten äußeren Zügel soll sich das Pferd schließlich so gewöhnen, daß es ihn später, wenn es einhändig geritten wird, statt des inneren Zügels als Signal zum Abwenden erkennt (angelernte Hilfe).

Das Bosal

Kennt man die Trense auch als gebräuchlichste Zäumung überhaupt in der englischen Reitweise, so stellt das Bosal eine Besonderheit der Westernausbildung dar. Es handelt sich dabei um eine gebißlose Zäumung ohne Hebelwirkung. Sie besteht aus einem festen, rundgeflochtenen Nasenteil aus Leder oder Rohhaut (Rawhide), dem eigentlichen Bosal, und einem einfachen Lederriemen als Kopfstück. Die Zügelschlaufe aus einem langen Seil, der Mecate, wird am Bosal befestigt. Mecaten gibt es aus geflochtenem Pferdehaar und aus einem weicheren Kunststoff (Rayon Cord).

Das Bosal hat den Zweck, das Pferd während des Zahnwechsels im Maul zu schonen. Es wird in der kalifornischen Art der Pferdeausbildung im zweiten Ausbildungsjahr des Pferdes verwendet, wenn es schon gelernt hat, den Hilfen des Reiters auf Trense zu folgen. Auch das Bosal wird, wie die Trense, beidhändig benutzt. Seine Wirkung ist sehr mild (vergleichbar der eines Halfters). Somit hat der Reiter keine Möglichkeit, physischen Zwang auf sein Pferd auszuüben. Die Bedingung für die gefahrlose Verwendung des Bosals ist ein sehr hoher Grad an Gehorsam beim Pferd, welchen es auf Trense gelernt haben muß.

Wie bei der Trense wirkt ein Zügelannehmen des Reiters auf der Seite des jeweiligen Zügelanzuges. Der Reiter führt die innere Hand weit nach innen und legt den äußeren Teil der Zügelschlaufe an den Hals an. Handelt es sich um eine aus Pferdehaar geflochtene Mecate, so verstärkt diese die Wirkung des angelegten äußeren Zügels, da die steifen Haare das Pferd ein wenig pieken. Es wird den Hals von der Störung wegbiegen – in die gewünschte Richtung.

Mecaten aus Pferdehaar haben jedoch den Nachteil, bei feuchtem Wetter sehr steif zu werden. Legt man sie vor dem ersten Gebrauch kurz in kochendes Wasser und läßt sie danach wieder vollständig trocknen, hat man weniger Probleme bei feuchtem Wetter.

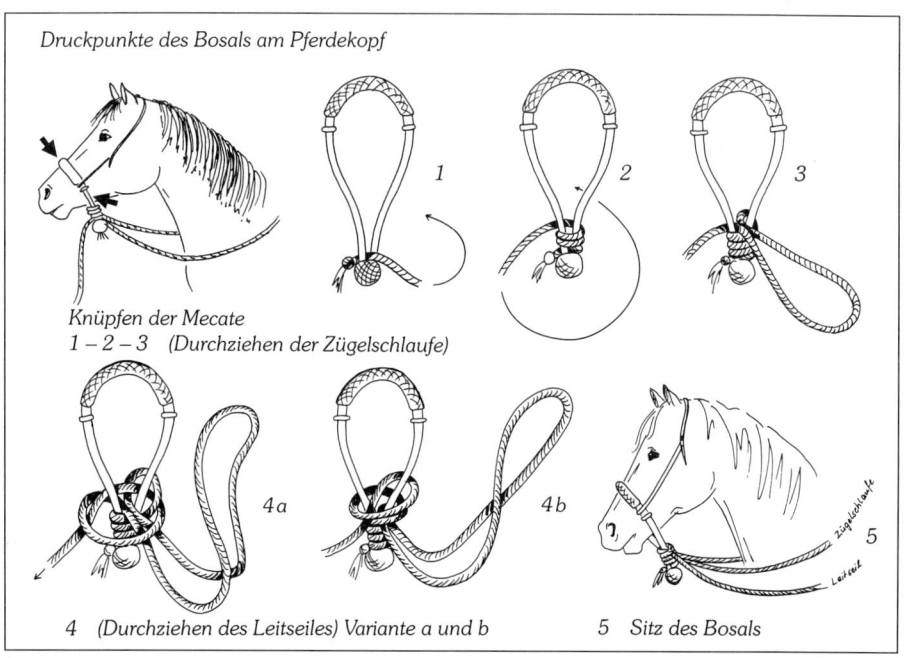

Druckpunkte des Bosals am Pferdekopf

Knüpfen der Mecate
1 – 2 – 3 (Durchziehen der Zügelschlaufe)

1

2

3

4a

4b

5

4 (Durchziehen des Leitseiles) Variante a und b   5   Sitz des Bosals

Die Punkte, an denen die Wirkung des Bosals ansetzt, sind nun natürlich nicht mehr die Lade des Pferdes, sondern Backen und Nase. Durch Hereinführen der inneren Hand wird Druck auf die äußere Backe des Pferdes ausgeübt. Es weicht diesem Druck durch Stellen des Kopfes nach innen aus. Nimmt der Reiter den Zügel an, so bewegt sich der schwere Knoten unter dem Kinn des Pferdes in Richtung Ganaschen. Durch diese Bewegung entsteht ein minimaler Druck auf das Genick des Pferdes, ähnlich wie bei der Hebelwirkung einer Kandare (siehe folgende Beschreibung). Weiterhin drückt der Knoten von außen leicht auf den Unterkiefer. Die Hauptwirkung ist jedoch ein Druck auf die Nase. Damit dem Pferd nicht, besonders in schnellerer Gangart, ständig das Bosal auf die Nase drückt und der Knoten gegen das Kinn schlägt, wird ein Fiadore geknüpft, um den Knoten in einer mittleren Lage zu halten. So wird eine Störung des Pferdes vermieden, wenn der Reiter nicht bewußt einwirkt.

Noch viel deutlicher als beim Gebrauch der Trense ist beim Bosal darauf zu achten, *immer* am losen Zügel zu reiten und nur mit *sehr kurzen* Zupfern an der Mecate einzuwirken, da das Pferd sonst sehr schnell abstumpft. Eine sensible Reaktion des Pferdes auf das Bosal beruht nur darauf, es vor der eigentlichen Einwirkung völlig zufrieden zu lassen (Pull and Slack-Methode).

Bosal und Mecate werden in verschiedenen Stärken angeboten. Prinzipiell ist es so, daß man mit einem schweren, dicken Bosal samt in der Stärke passender Mecate beginnt und mit zunehmender Sensibilität des Pferdes auf diese Zäumung zu dünneren, leichteren

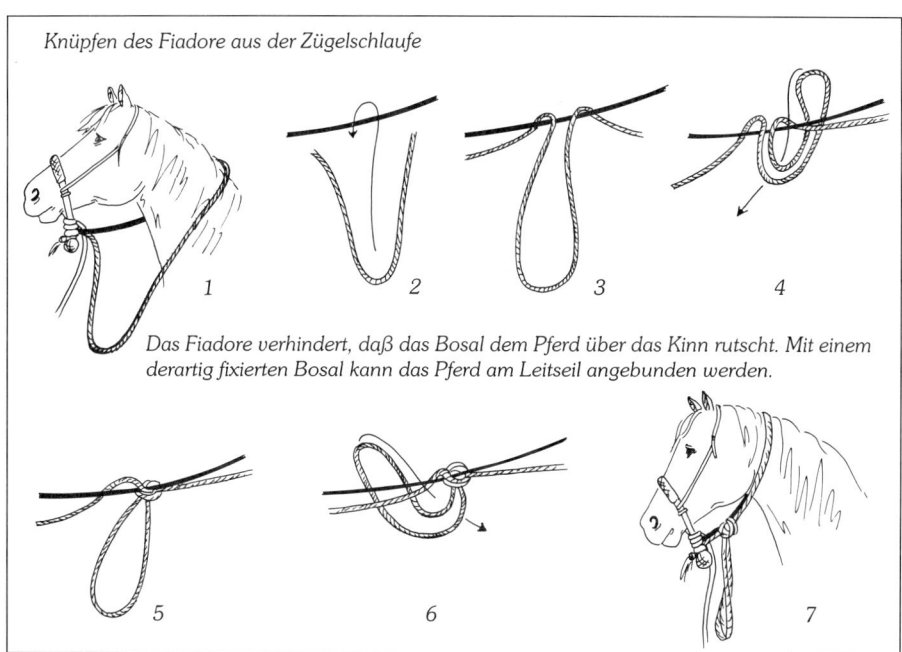

Knüpfen des Fiadore aus der Zügelschlaufe

1 2 3 4

Das Fiadore verhindert, daß das Bosal dem Pferd über das Kinn rutscht. Mit einem derartig fixierten Bosal kann das Pferd am Leitseil angebunden werden.

5 6 7

wechselt. Die gebräuchlichen Stärken sind ¾, ⅝, ½ und ⅜ inch. Sensible Pferde mit zierlichem Kopf mögen das schwere ¾-inch-Bosal oft nicht. Bei ihnen sollte man mit einem dünneren beginnen. Zusätzlich gibt es ein ganz dünnes Bosal in Bleistiftstärke (pencil), welches als Zusatzzäumung verwendet wird, wenn das Pferd im dritten Ausbildungsjahr auf Kandare umgestellt werden soll (siehe auch entsprechender Abschnitt ab Seite 46).

Kandaren und Trainings-gebisse – Hebelwirkung allgemein

Bevor ich nun die beiden Kategorien Trainingsgebisse und Kandaren in Angriff nehme, ist es sinnvoll, die Hebel-wirkung bei Kandaren und ähnlichen Gebissen und den Zweck, den diese Wirkung hat, allgemein zu beschreiben. Die Wirkung eines Hebels ist es grundsätzlich, eine Kraft zu verstärken. So wirkt auch der Hebel an einem Trainingsgebiß oder einer Kandare als Verstärker der Kraft, die die Reiterhand auf das Pferdemaul ausübt. Das Gebiß selbst ist der Drehpunkt. Je länger nun der untere Teil des Hebels ist, in dem die Zügel eingeschnallt sind, im Verhältnis zum oberen Teil, in den das Kopfstück eingeschnallt ist, umso stärker ist die Wirkung.

Ein Kinnriemen begrenzt die Drehung des Gebisses im Maul. Normalerweise sollte der Kinnriemen so lang sein, daß man die unteren Hebelbäume um etwa 45 Grad bewegen kann, bevor der Kinnriemen Druck auf das Kinn des Pferdes ausübt und dabei natürlich

41

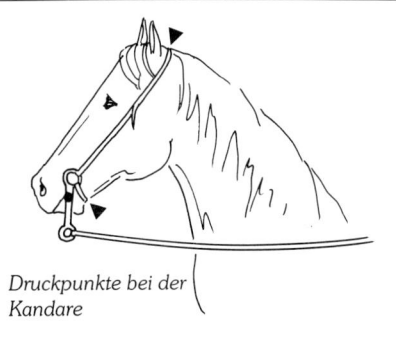

Druckpunkte bei der
Kandare

Hebelwirkung
*Je länger B im Verhältnis zu A, desto
schärfer ist die Kandare.*

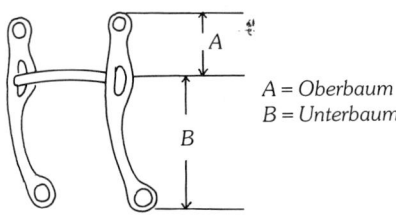

A = Oberbaum
B = Unterbaum

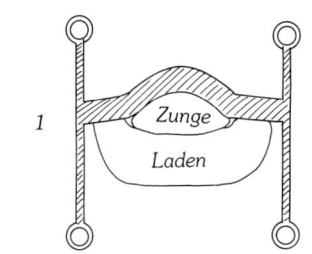

*1   hohe Zungenfreiheit – es entsteht
beim Annehmen der Zügel mehr Druck
auf die Laden*

*2   wenig Zungenfreiheit bei der Kandare
– die Zunge wirkt als Puffer*

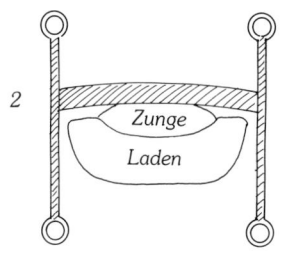

auch das Gebiß auf die Laden drückt. Bei Verstärkung des Zügelannehmens über diesen Druckpunkt hinaus verstärkt sich der Druck auf Kinn und Laden entsprechend den Hebelgesetzen. Diese Drehbewegung um 45 Grad hat zur Folge, daß der obere Teil des Hebels nach vorne kippt und damit über das Kopfstück auch Druck auf das Genick des Pferdes ausgeübt wird.

Es gibt Kandaren- und Trainingsgebisse in vielen verschiedenen Formen. Bei ungebrochenen Gebissen ist besonderes Augenmerk auf die Zungenfreiheit zu richten. Je ausgeprägter die Zungenfreiheit, desto stärker wirkt ein Druck auf die empfindlichen Laden des Pferdes. Bei hohen Zungenfreiheiten besteht die Gefahr, daß sie dem Pferd beim Kippen des Gebisses im Maul (durch Annehmen der Zügel) gegen den Gaumen drücken, wenn das Gebiß nicht gut ausgewogen ist. Je weniger Zungenfreiheit, desto mehr dient die Zunge als Puffer. Recht mild sind Zäumungen mit geringer Zungenfreiheit und kurzen Hebeln, die den Druck auf Zunge und Laden verteilen.

Sowohl der Druck im Maul als auch der im Genick veranlassen das Pferd, das Kinn einzuziehen und im Genick abzuknicken. Da man beim Westernpferd nicht davon spricht, daß es am Zügel geht (wie in der englischen Reitweise), weil der Zügel, nachdem das Pferd in der o. g. Weise reagiert hat, wieder lose ist, übernehmen wir hier die englische Bezeichnung Head-Set, die ein »In-Haltung-gehen« des Pferdes mit der Nasenlinie kurz vor der Senkrechten beschreibt.

Bei der Verwendung jeder Art von Gebissen mit Hebeln muß sich der Reiter darüber im klaren sein, daß er seinem Pferd damit weh tun kann, wenn er zu hart oder unbedacht damit umgeht. Schmerzen im Maul veranlassen das Pferd nun nicht, wie landläufig angenommen, stehenzubleiben, sondern im allgemeinen eher zum Gegenteil. Das heißt, es läuft dem Schmerz im Maul davon. Es wird sich einem dauernden schmerzhaften oder auch nur unangenehmen Druck widersetzen. Die ruhige Hand des Reiters, die eine gezielte und feinfühlige Einwirkung auf das Pferdemaul ermöglicht und ein fortgeschrittener Ausbildungsstand des Pferdes sind also Voraussetzung, um ein solches Gebiß zu verwenden! An diese Stelle gehört nun auch ein Merksatz, den man nicht vergessen sollte: *Man kann ein Pferd nicht mit einem schärferen Gebiß »bremsen«, wenn es nicht mit milden Gebissen gelernt hat, seinem Reiter zu gehorchen!*

Warum nun überhaupt eine Kandare, wenn das Pferd auch auf Trense oder Bosal sicher und gehorsam geht? Ganz allgemein: Ein schärferes Gebiß dient dazu, ein schon gehorsames Pferd auf noch feinere (unsichtbarere) Hilfen des Reiters abzustimmen. Der schon oben erwähnte Head-Set, der durch den zusätzlichen Druck im Genick leichter zu erreichen ist als bei Zäumungen mit direkter Wirkung, ist ein zusätzlicher erwünschter Faktor, wenn auch der formal »richtigen« Haltung des Westernpferdes nicht so viel Bedeutung beigemessen wird wie in der englischen Reitweise. Es darf auch durchaus mit langem Hals gehen, wenn sein Exterieur dies bedingt. Nun gibt es Zäumungen, wie das kalifornische Spade Bit (siehe Seite 47), die samt Zügeln so ausgewogen sind, daß sie dem Pferd nur dann angenehm, d. h. ohne einen leichten Druck, im Maul liegen, wenn es im Genick abknickt. Es wird dies dann auch am losen Zügel tun, wenn der Reiter überhaupt nicht einwirkt. Bei sachgemäßer Handhabung solcher Gebisse erreichen Reiter und Pferd ein Stadium der Harmonie und unsichtbaren Verständigung, das an Telepathie grenzt. Dieser Zustand ist das prinzipielle Ziel scharfer Gebisse. Außer der endgültigen eleganten Feinabstimmung zwischen Reiter und Pferd gibt es keinen Grund, eine Kandare zu verwenden, denn die einhändige Zügelführung funktioniert auch auf Trense oder Bosal. Die Umstellung auf einhändige Zügelführung sollte grundsätzlich sogar schon vollzogen sein, bevor der Reiter mit kandarenähnlichen Gebissen anfängt.

Bei Trainingsgebissen liegt der Fall ein wenig anders. Sie können durchaus auch zur Korrektur bei verdorbenen Pferden oder zur Umstellung englisch gerittener Pferde auf die Westernreitweise verwendet werden. Dabei kommt es aber seitens des Reiters auf viel Fingerspitzengefühl und Erfahrung an, um zu beurteilen, welches und ob überhaupt ein Trainingsgebiß bei diesem oder jenem Pferd sinnvoll ist.

Trainingsgebisse

Unter Trainingsgebissen versteht man alle Arten von Gebissen, die verwendet werden, wenn ein Pferd nicht mittels Doppelzäumung (= Bosal + Kandare) auf Kandare umgestellt wird. Es handelt sich dabei um gebrochene oder ungebrochene Gebisse mit mehr oder weniger langen Hebeln. Durch Einschnallen von zwei Paar Zügeln (Doppelzügel) kann sich der Reiter erstens des direkten Zügels ohne Hebelwirkung bedienen, wie er ihn auch mit der normalen Trense benutzt. Zweitens kann er die Kandarenzügel mit Hebelwirkung einhändig benutzen, wie er es beim Neck-Reining täte. Für den englisch vorgebildeten Reiter: Es handelt sich dabei praktisch um eine Vereinfachung der englischen Dressurkandare mit Unter-

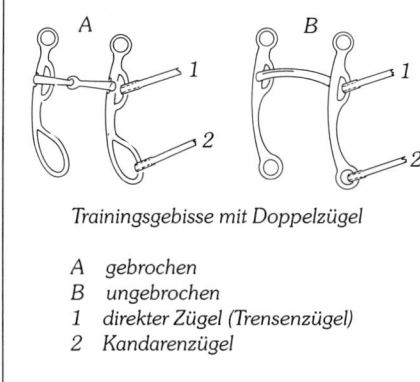

Trainingsgebisse mit Doppelzügel

A   gebrochen
B   ungebrochen
1   direkter Zügel (Trensenzügel)
2   Kandarenzügel

legtrense, jedoch mit nur einem Mundstück statt zwei (vgl. Pelham). Das Gebiß liegt richtig im Maul, wenn es die Maulwinkel nicht hochzieht. Eine Zungenfreiheit darf nicht so hoch sein, daß sie dem Pferd bei angenommenem Kandarenzügel (Stellung von 45 Grad – siehe Hebelwirkung allgemein) gegen den Gaumen drückt. Je nach Maulbeschaffenheit des Pferdes ist die Gaumenhöhe sehr unterschiedlich.

Ein Trainingsgebiß hat nur dann einen Sinn, wenn das Pferd auf Trense schon auf den äußeren Druckzügel reagiert, ohne daß der Reiter laufend den inneren direkt stellenden Zügel benutzen

muß. Es dient der Festigung des Gehorsams auf den Druckzügel sowie der Gewöhnung des Pferdes an ein Gebiß mit Hebelwirkung. Muß der Reiter das Pferd korrigieren, so tut er das mit der milden Wirkung des direkten Zügels. Reagiert das Pferd gut, so reitet er einhändig mit dem Kandarenzügel.

Bei der Verwendung von Doppelzügeln sollte der Reiter die vorher (auf Trense) recht weit auseinanderstehenden Hände enger zusammen nehmen. Damit nähert er sich mit beiden Händen der Position, die seine Zügelhand haben soll, wenn er einhändig reitet. Auch wenn ein Pferd bei beidhändiger Zügelführung recht gut auf den äußeren Zügel reagiert, kann es bei engerer bzw. einhändiger Zügelführung erst einmal wieder schlechter werden, weil die zusätzliche stellende Wirkung der inneren Hand weitgehend entfällt. Für das Reiten mit Doppelzügel nimmt der Reiter jeweils einen Trensen- und einen Kandarenzügel in die Hand. Um die Wirkung zu trennen, läßt er jeweils das Zügelpaar länger, das er gerade nicht verwendet. Den Kandarenzügel führt er zwischen Ring- und Mittelfinger durch, den Trensenzügel zwischen Ringfinger und kleinem Finger (oder die Kandarenzügel zwischen Ringfinger und kleinem Finger und die Trensenzügel unter den kleinen Finger). Beim Reiten mit Doppelzügel muß der Reiter recht häufig die Länge seiner 4 Zügel korrigieren.

Unter Umständen kann er auch beide Kandarenzügel plus einen Trensenzügel in eine Hand nehmen und den anderen Trensenzügel in die andere Hand. Der einzelne Trensenzügel sollte auf der Seite stellend wirken, auf der das Pferd sich schlechter biegen läßt, also steifer ist. Damit praktiziert der Reiter die einhändige Zügelführung und hat dabei trotzdem Korrekturmöglichkeiten. Zur Vereinfachung und evtl. zur Korrektur werden *gebrochene Trainingsgebisse* (vor allem solche mit kurzen Hebeln) auch öfter mit nur einem Zügelpaar bei beidhändiger Zügelführung verwendet. Ein einseitiges Zügelannehmen wirkt hierbei immer noch auf die gleichseitige Lade. Dazu kommt die Gewöhnung des Pferdes an eine leichte Hebelwirkung. Dies alles, ohne daß sich der Reiter mit dem Gewurstel von vier Zügeln belasten muß. Für Pferde, die dazu neigen, in der Reiterhand eine Stütze zu suchen oder mit sehr gerade vorgestrecktem Hals gehen, sind diese sogenannten Snaffle-Bits with Shanks (Trensen mit Hebeln) gut geeignet. Wie schon erwähnt, trägt die Wirkung der Hebel auf das Genick des Pferdes zum Head-Set bei. Bei guter Reaktion des Pferdes sind diese »Snaffles with Shanks« auch wie eine Kandare einhändig zu benutzen.

Snaffles with Shanks gibt es in vielen Variationen. Prinzipiell ist erst einmal die Version mit den kürzesten Hebeln vorzuziehen. Nun haben verschiedene Pferde verschieden empfindliche und auch anatomisch unterschiedliche Mäuler und reagieren vor allem recht unterschiedlich auf diese und jene Eigenschaft eines Gebisses. Welches Trainingsgebiß für welches Pferd am besten geeignet ist, ist fast schon eine Wissenschaft für sich. Feste Richtlinien gibt es nicht. Der erfahrene Reiter – und diesem sollte die Umstellung von Pferden auf Kandare vorbehalten bleiben – wird an der Reaktion seines Pferdes erken-

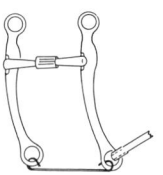

Trainingsgebiß / Kandare »Snaffle with Shanks« mit Röllchen über dem Gelenk, welches die Nußknackerwirkung verhindert.

nen, welches Gebiß ihm gefällt. Vor allem bei gebrochenen Gebissen mit längeren Hebeln ist es sinnvoll, wenn über dem Gelenk noch ein kleines Röllchen o. ä. angebracht ist. – Eine Nußknackerwirkung kann dann nicht entstehen (siehe Seiten 37 und 38).

Trainingsgebisse mit ungebrochener Stange sind die zweite Hauptart dieser Kategorie. Im Prinzip werden sie genauso verwendet wie die Snaffles with Shanks. Die Korrekturmöglichkeit mit dem direkten Zügel ist jedoch etwas eingeschränkt, weil bei stärkerem Annehmen des direkten Zügels das starre Stangengebiß im Maul kippen kann.

Sehr mildes »Snaffle with Shanks« mit kurzen Hebeln (richtige Lage im Maul)

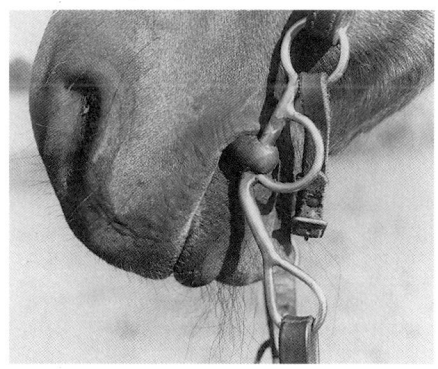

Die Wirkung von direktem Zügel und Kandarenzügel ist nicht so gut zu trennen. Diese Gebisse sind prinzipiell mit dem englischen ungebrochenen Pelham zu vergleichen. Sie nähern sich schon sehr weit der Wirkung der reinen Kandare, während das Snaffle with Shanks eine Mischform zwischen Trense und Kandare darstellt.

Kandaren

Wie auch bei den Trainingsgebissen gibt es bei den Kandaren viele unterschiedliche Ausführungen. Prinzipiell kann man zwischen zwei Hauptkategorien unterscheiden:

1. einfache, starre und meist leichte Stangen mit kürzeren Hebeln, die eher in der texanischen Ausbildungsmethode und z. T. auch als Trainingsgebisse verwendet werden,
2. Schwere Stangen, die beweglich an langen Hebeln gelagert sind, mit Röllchen oder Löffeln im Bereich der Zungenfreiheit, wie sie bei der kalifornischen Reitweise verwendet werden. Die Gebisse der zweiten Kategorie sind auf jeden Fall guten Reitern mit einer sensiblen Hand sowie

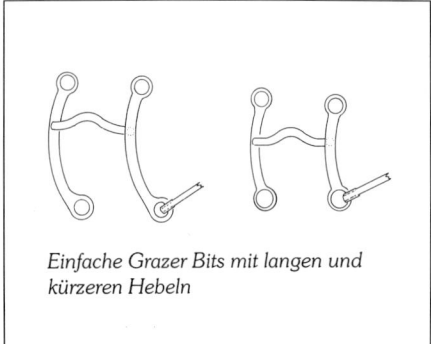

Einfache Grazer Bits mit langen und kürzeren Hebeln

fertig ausgebildeten Pferden vorbehalten.

Beginnen wir mit der ersten Kategorie. Sobald das Pferd auf Trainingsgebiß sicher auf den Druckzügel reagiert, kann der Reiter ein solches Gebiß verwenden. Die eigentliche Umstellung erfolgte auf das Trainingsgebiß, wie im entsprechenden Kapitel beschrieben. Manche Trainingsgebisse werden allein durch Ausschnallen des Korrekturzügels zu einer reinen Kandare. Die passenden Zügel für das Reiten mit einfacher Stange sind geteilte Zügel (Split Reins). Der Reiter kann seinen Zeigefinger zwischen die Zügel legen. Das ermöglicht ihm auch einhändig am inneren Zügel ein wenig zu spielen, wenn es zur Korrektur notwendig ist sowie auch die Länge nur eines Zügels durch Entlanggreifen an den Zügeln mit Daumen und Zeigefinger leicht zu korrigieren (beim Reiten mit geschlossenen kalifornischen Zügeln ist dies nicht möglich – siehe auch Seite 48).

Die Umstellung auf die zweite Kategorie der Gebisse, vor allem auf ein so scharfes Gebiß wie das California Spade Bit, erfordert sehr viel mehr Zeit. Das Pferd wird mindestens ein halbes Jahr, oft länger, mit einer Doppelzäumung geritten, die aus dem im Kapitel Bosal schon erwähnten bleistiftstarken Bosal mit der entsprechend dünnen Mecate plus der Kandare besteht. Anfangs trägt das Pferd das Kandarengebiß nur spazieren; die Zügel werden nicht angefaßt, sondern unbenutzt auf den Hals gelegt. Die Länge der Zügel ist so bemessen, daß auch bei starker Stellung und Biegung oder beim Gehen mit langem Hals nie ein Kandarenzügel ansteht, d. h. Druck auf das Maul ausübt.

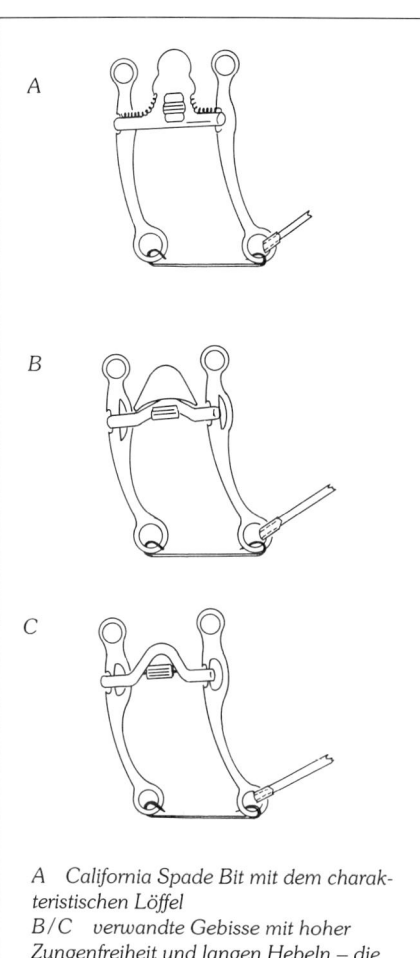

A California Spade Bit mit dem charakteristischen Löffel
B/C verwandte Gebisse mit hoher Zungenfreiheit und langen Hebeln – die eingearbeiteten Röllchen regen zum Kauen an

knickt und das Kinn einzieht (Head-Set), also in etwa die Haltung einnimmt, die ein englisch am Zügel stehendes Pferd zeigt. Der Unterschied besteht darin, daß der kalifornische Reiter den Zügel dabei nie anstehen läßt und das Pferd trotzdem in Haltung geht.

Hat sich das Pferd an das Bit gewöhnt, nimmt der Reiter die Kandarenzügel zusätzlich in eine Hand, läßt sie aber noch völlig lang. Von Woche zu Woche verkürzt er sie dann, bis er bei leichtem Zurücknehmen der Hand Kontakt zum Pferdemaul bekommt. Diese Phase des Verkürzens kann sehr lang dauern. Während der ganzen Prozedur wirkt der Reiter über das Bosal auf sein Pferd ein. Dabei führt er die Mecate nicht mehr so breit wie am Anfang, sondern nimmt die Hände über dem Sattelhorn zusammen, damit nicht ein Kandarenzügel mehr ansteht als der andere (da sich ja nun beide Kandarenzügel in einer Hand befinden). Korrekturen werden immer noch nur am Bosal ausgeführt, wobei der Reiter immer genau darauf achten muß, nicht aus Unachtsamkeit Druck auf den Kandarenzügel auszuüben.

Langsam ersetzt der Reiter in der darauffolgenden Phase die Einwirkung mittels des Bosals durch die Einwirkung mittels der Kandarenzügel. Wehrt sich das Pferd in irgendeiner Form gegen den Zügel, so muß der Reiter einen Schritt zurückgehen, vorübergehend wieder mehr das Bosal benutzen und die Kandarenzügel durchhängen lassen. Er tastet sich praktisch an die Kandaren-Zügellänge heran, die dem Pferd angenehm ist. Hat er sie gefunden, so reitet er hauptsächlich auf Kandare, läßt aber Bosal und Mecate noch einige Monate als Mittel zur Korrektur am Kopf

Geritten wird beidhändig mit dem dünnen Bosal, wie im entsprechenden Kapitel beschrieben. Die ersten Wochen dienen nur der Gewöhnung des Pferdes an das schwere Gebiß. Die kalifornischen Gebisse sind zusammen mit dem Gewicht der Zügel so ausgewogen, daß sie dem Pferd nur dann bequem im Maul liegen, wenn es im Genick ab-

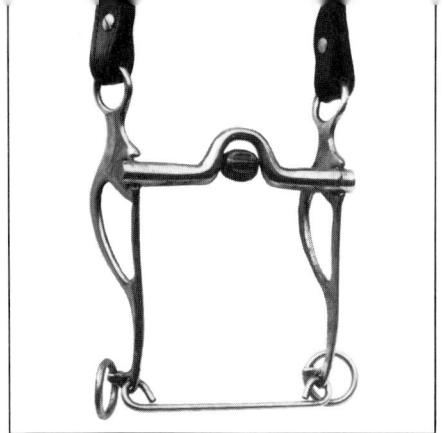

Gebiß im kalifornischen Stil

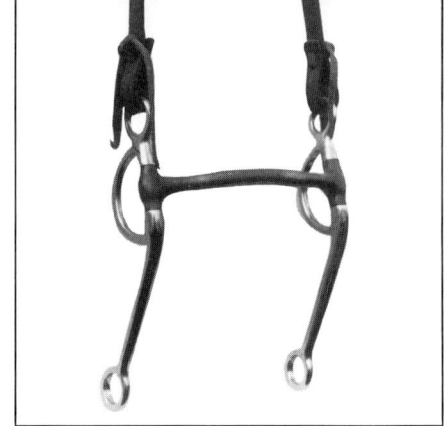

Trainingsgebiß – auch mit Doppelzügel verwendbar

des Pferdes. Das Spade-Bit ist keinesfalls dazu gedacht, ein Pferd mittels härterer Zügeleinwirkung zu korrigieren. Aus diesem Grund wird auch bei fertig ausgebildeten Pferden hin und wieder eine Auffrischungsphase auf Bosal oder Trense eingeschoben, um etwaige Unsauberkeiten oder Steifheiten mit einer milden Zäumung zu korrigieren.

Der passende Zügel zum Spade-Bit ist der geschlossene kalifornische Zügel mit Romal. Oft sind an diesen Zügeln im vorderen Bereich Ketten oder schwere Lederknoten eingearbeitet, die den Zügel schwerer machen. Er übt so minimalen Druck auf das Gebiß aus, auch wenn der Reiter den Zügel nicht anfaßt. Die freie Hand des Reiters greift das Romal, welches zu einem Ring gewunden in der Hand liegt. Mit dem Romal werden die Zügel verkürzt oder verlängert, indem der Reiter es durch die Hand schiebt oder daran zieht. Ein einzelner Zügel ist jedoch dabei nicht separat verkürzbar. Als Kopfstück wird ein Einohrzaum oder auch ein Zaum mit Stirnriemen verwendet. Er sollte stilistisch zum Zügel passen.

Übersicht über die Verwendung der Gebisse

	Pferd	Reiter
Trense	1. Ausbildungsjahr	Anfänger
Bosal	2. Ausbildungsjahr evtl. auch 1. Ausbildungsjahr	kann evtl. von Anfänger benutzt werden (bei ausgebildetem Pferd)
Trainingsgebiß	2. Ausbildungsjahr (alternativ zur Ausbildung mit Bosal)	erfahrener Reiter
Varianten der Trainingsgebisse je nach Eigenschaften des Pferdes		
Kandaren	3. Ausbildungsjahr	erfahrener Reiter
Spade-Bit u. ä.	Umstellung mit Doppelzäumung	
einfache Kandare	Umstellung auf Trainingsgebiß vollzogen	

48

Sättel

Bei den Westernsätteln unterscheidet man zwei Hauptformen. Es ist dies einmal der kalifornische Sattel mit einem hohen Sattelhorn und einem hohen Cantle. Der tiefste Punkt auf der Sitzfläche des Sattels liegt relativ weit vorne, vergleichbar einem englischen Dressursattel. Dies bedingt, daß der Reiter fast automatisch richtig, d. h. aufrecht und gerade (siehe Seite 12), hingesetzt wird. Die Art der Einwirkung unterscheidet sich in diesem Sattel kaum von der beim Dressurreiten gebräuchlichen (Dauer und Intensität der Einwirkung unterscheiden sich natürlich). Diesem Sattel vergleichbar sind auch die Guardiansättel und die spanischen Sättel, was kein Wunder ist, denn die kalifornische Reiterei ist noch recht eng mit ihrem spanischen Ursprung verbunden.

Zweitens ist es der texanische Sattel. Er hat den tiefsten Punkt der Sitzfläche weiter hinten, ein kürzeres Sattelhorn und ein niedrigeres Cantle. Der Reiter sitzt auf diesem Sattel minimal hinter dem Schwerpunkt des Pferdes. Ein solcher Sitz gibt dem Reiter mehr Stabilität, vor allem, wenn er sich dabei noch etwas im Bügel abstützt. Dieser Umstand war bei der Herdenarbeit von Vorteil, behindert aber eine Feinabstimmung der Hilfen, wie in der kalifornischen Reitweise angestrebt. Die Unterschenkel liegen etwas vor der gedachten Ideallinie (siehe Seite 15).

Sättel gibt es mit verschieden großen Sitzflächen. Die Sitzfläche sollte weder so klein sein, daß sie den Reiter einzwängt, noch so groß, daß er keinen Halt mehr im Sattel findet. Beim Sattelkauf muß der Reiter ausprobieren, welche Größe ihm angenehm ist. In der

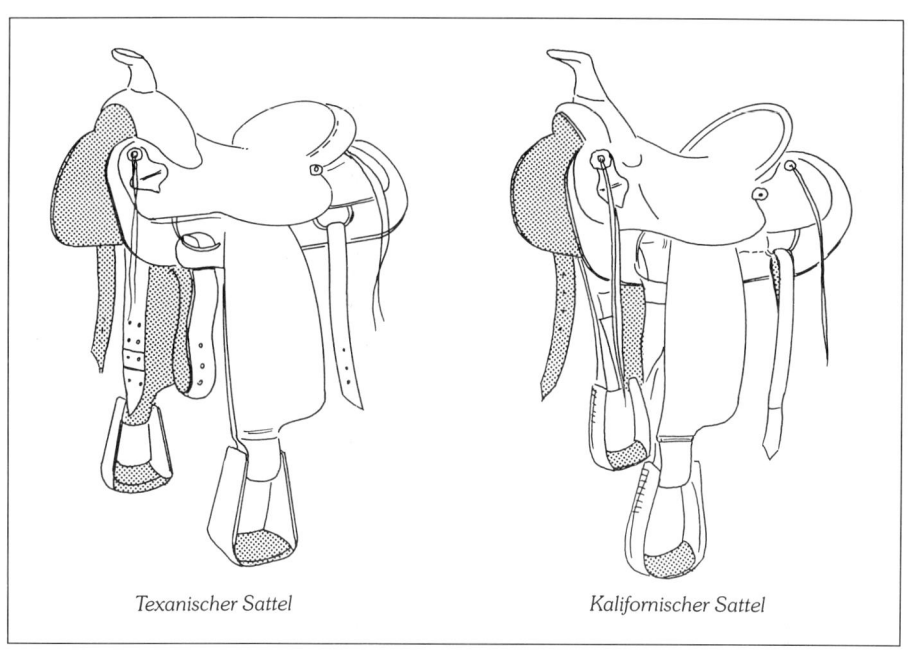

Texanischer Sattel   *Kalifornischer Sattel*

Hauptsache jedoch muß der Sattel dem Pferd passen, darf weder zu kurz noch zu lang sein. Besonders bei Pferden mit kurzem Rücken sind Sättel mit rundem Skirting angebracht, so daß der Sattel nicht bis fast auf die Kruppe des Pferdes reicht. Die Fork darf nicht zu dicht über dem Widerist liegen, so daß dort kein Druck entsteht. Liegt der Sattel ohne Pad auf dem Rücken des Pferdes, so sollen mindestens zwei Finger zwischen Fork und Widerrist passen. Der Sattel soll nach dem Gurten möglichst plan auf dem Pferderücken aufliegen und nicht hinten hochkippen. Kippt er, so sollte ein Sattel mit weiter hinten gelagertem Gurtring verwendet werden.

Als Sattelunterlage wird normalerweise ein sogenanntes Pad verwendet. Es besteht aus stoffüberzogenem Schaumstoff oder einem Kunstfell (Kodel). Für den englisch vorgebildeten Reiter erscheint es sehr dick, so daß der Reiter wenig Verbindung zum Pferderücken hat. Für die Minimalhilfengebung braucht er jedoch nicht den tiefen Sitz des englischen Dressurreiters. Und für den Rücken eines Arbeitspferdes (was das Westernpferd ja vom Prinzip der Ausbildung her ist) ist eine starke, dicke Polsterung allemal sinnvoll.

Zubehör/Ausrüstung des Reiters

Die Grundausstattung für den Reiter ist einfach: ein paar Jeans oder andere strapazierfähige Hosen, unter Umständen auch die in der englischen Reitweise verwendeten Jodhpur-Hosen. Dazu kurze Stiefel: Westernstiefel oder ähnliche, wobei man auf Bequemlich-

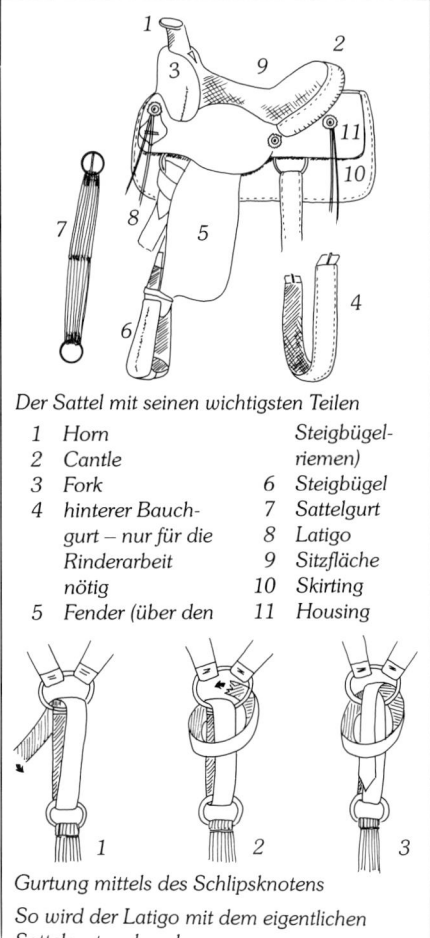

Der Sattel mit seinen wichtigsten Teilen

1	Horn		Steigbügel-
2	Cantle		riemen)
3	Fork	6	Steigbügel
4	hinterer Bauch-	7	Sattelgurt
	gurt – nur für die	8	Latigo
	Rinderarbeit	9	Sitzfläche
	nötig	10	Skirting
5	Fender (über den	11	Housing

Gurtung mittels des Schlipsknotens
So wird der Latigo mit dem eigentlichen Sattelgurt verbunden

keit und Strapazierfähigkeit Wert legen sollte. In vielen der manchmal extrem spitzen Westernstiefel kann man nämlich nicht laufen! Der für ein Turnier obligatorische Hut ist für den Anfänger nicht erforderlich; für erste Geländeritte kann er jedoch recht nützlich sein, denn er schützt vor Regen und Sonne. Sporen gehören nicht an die Stiefel von Anfängern. Eine kurze Gerte kann dem Neuling allerdings manchmal nützlich sein.

A Tie Down-Ausbinder, der auf die Nase des Pferdes wirkt und zwischen den Vorderbeinen des Pferdes hindurchläuft. Er wird am Sattelgurt unter dem Bauch des Pferdes befestigt. Das Pferd darf nicht so kurz ausgebunden werden, daß seine Nasenlinie hinter die Senkrechte kommt.

B Ausbinder, der wie das engl. Chambon auf die Nerven hinter den Ohren wirkt.

C Vorformen des Bosals mittels eines Rundeholzes.
D nicht vorgeformtes Bosal scheuert am Kinn des Pferdes
E Vorgeformtes Bosal

Pflege, Behandlung und Vorbereitung des Sattels und verschiedener Zäumungen

Neue Sättel fettet man vor dem ersten Gebrauch kräftig ein, um sie unempfindlich gegen Schmutz und Nässe zu machen. Genauso verfährt man mit allem anderen Lederzeug: Trensen, Halftern etc. Sind die Lederteile stark verschmutzt, so reinigt man sie mit Sattelseife und Wasser, läßt sie trocknen und fettet sie wieder gut ein.

Bei neuen Sätteln hängen die Steigbügel parallel zum Sattel. Sie müssen ausgedreht werden, so daß sie einen Winkel von etwa 80–90 Grad zur Längsachse des Sattels bilden, damit sie dem Reiter nicht dauernd vom Fußballen herunterrutschen. Dazu feuchtet man die Fender (siehe Abb. Seite 50) an den Innenseiten an, dreht beide Steigbügel einmal um 180 Grad nach hinten-außen herum und fixiert sie unter dem Sattel mit einem Besenstiel o. ä. Nach etwa vier Wochen sind sie in der gewünschten 90 Grad Stellung fixiert.

Auch ein neues Bosal muß vorgeformt werden, damit es nicht an den Backen des Pferdes scheuert (siehe Abb. C, D, E). Man benutzt dazu eine kreisrunde Form (Holz / Topf etc.) und weitet das vorher angefeuchtete Bosal wie in der Abb. zu sehen an den kritischen Stellen. Vier bis sechs Wochen sollte das Bosal in dieser Spannvorrichtung bleiben.

Benutzt man eine Mecate aus Pferdehaar, so kann man sie vor Gebrauch in heißem Wasser kurz auskochen; nach dem vollständigen Trocknen ist sie weicher und damit leichter zu handhaben.

Zum Zubehör für das Pferd gehören Longe, Longierpeitsche, ein Führhalfter mit Kette, unter Umständen ein Martingal oder Ausbinder, welche dem Anfänger das Sitzen erleichtern. Die Beine des Pferdes sollte man vorne mit Gamaschen schützen. Besonders junge unerfahrene Pferde schlagen sich gerne selbst gegen das Röhrbein. Bei Pferden, mit denen der Stop trainiert wird, sollte man die Fesseln der Hinterbeine mit Skid Boots schützen.

Praxis

Richtiges Satteln und Trensen

Die richtige Lage des Sattels

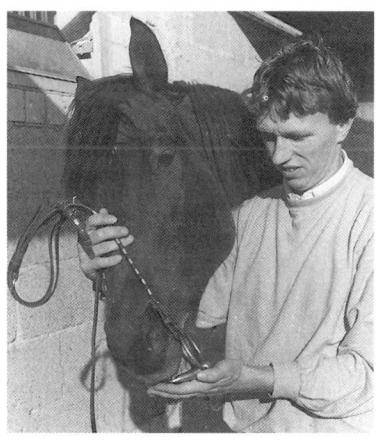

Das Auftrensen des Pferdes
Der Reiter steht links vom Pferd. Mit der rechten Hand hält er die Trense und hält gleichzeitig den Kopf des Pferdes am Nasenrücken. Mit der linken Hand schiebt er dem Pferd das Gebiß ins Maul. Macht das Pferd das Maul nicht freiwillig auf, so schiebt er den Daumen ins Maul und drückt auf die empfindlichen zahnlosen Laden im Bereich des Maulwinkels. Hat das Pferd das Gebiß genommen, so zieht er das Kopfstück vorsichtig über die Ohren des Pferdes.

Grundsätzliches zum Verständnis der nachfolgenden Übungen sowie zum Umgang mit dem Pferd

Ruhe und Geduld sind die wichtigsten Tugenden eines Reiters. Dazu kommt jedoch Durchsetzungsvermögen in Form von konsequentem Verhalten. Das bedeutet, daß eine einmal angefangene Übung, ob an der Hand oder später unter dem Reiter, immer – !!! – in angemessener Weise zu Ende geführt wird. Angemessen kann jedoch unter Umständen bedeuten, sich mit einem Teilerfolg zufrieden zu geben, wenn das Pferd bei einer speziellen (neuen) Übung besondere Probleme hat. Wer unter Zeitdruck steht, sollte am besten gar nicht erst anfangen, mit dem Pferd zu arbeiten, sondern es für den Tag auf der Koppel stehen lassen. Hektik und »keine Zeit« können beim Umgang mit dem Pferd nur schaden.

Nicht nur beim Reiten, sondern auch beim täglichen Umgang mit dem Pferd muß der Reiter beherrscht bleiben, auftretende Probleme ruhig analysieren und versuchen, eine Lösung zu finden – die bei jedem Pferd anders aussehen kann. Für das genaue Analysieren fehlt natürlich dem Reitanfänger die Erfahrung und das Wissen. Er muß also viel fragen, um sich bei erfahrenen Reitern zu informieren, und wird manchmal verschiedene Antworten bekommen, die sich meist ergänzen und schlüssig zusammensetzen lassen, sich unter Umständen aber auch widersprechen.

Dies ist eine der Hauptschwierigkeiten beim Erlernen des fachgerechten Umgangs mit dem Pferd und natürlich auch des Reitens: Es gibt verschiedene Methoden, von denen viele ganz oder teilweise ihre Berechtigung haben. Diese Methode kann für das eine Pferd besser sein, eine andere für ein zweites Pferd mit anderen körperlichen oder psychischen Voraussetzungen. Wenige Methoden sind grundfalsch, jede kann jedoch unter bestimmten Bedingungen, bei bestimmten Pferden falsch sein. Falsch ist es jedoch auf jeden Fall, sich auf einen Zweikampf mit dem Pferd einzulassen – das Pferd ist einfach stärker. Auch häufiges Strafen des Pferdes oder der dauernde Einsatz von Peitschen, Gerten oder Sporen ist falsch (auch wenn er von einigen sogenannten »Reitern« immer wieder demonstriert wird), denn er stumpft ein Pferd ab oder reizt es zu Widersetzlichkeiten. Dem Menschen ist sein Verstand gegeben, um das Pferd mit subtileren Mitteln zur Mitarbeit zu bewegen. Und besonders das mit minimalen Hilfen zu reitende Westernpferd soll ja ein Mitarbeiter seines Reiters sein und kein stumpfes, unterjochtes Geschöpf, welches sich widersetzt oder allenfalls aus Angst widerwillig gehorcht.

Wie schon im Kapitel über die Hilfengebung erwähnt, bestehen nun teilweise

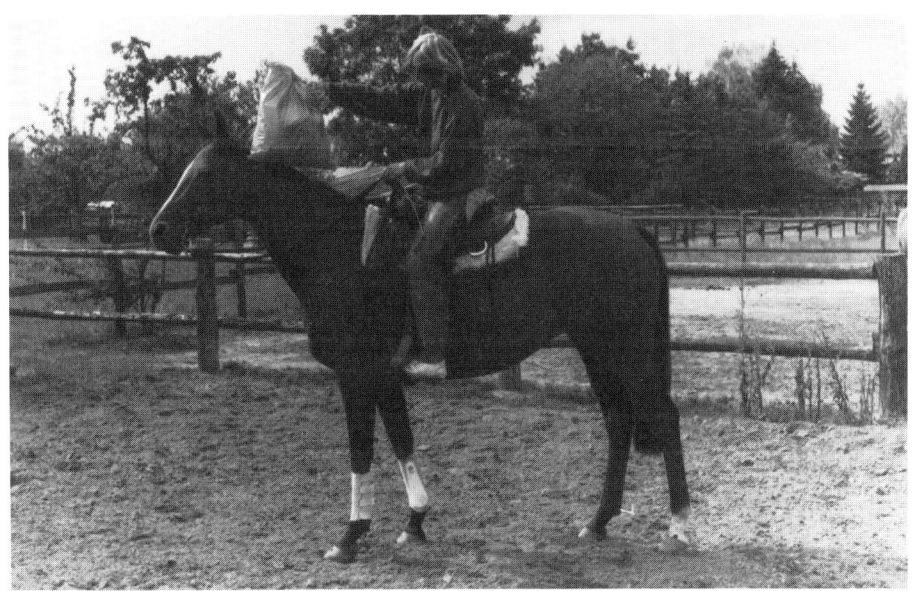

Das »Aussacken« ist auch unter dem Reiter sinnvoll. Das Pferd wird hier mit einer gefüllten Plastiktüte überall berührt.

erhebliche Verständnisschwierigkeiten zwischen Reiter und Pferd. Viele Übungen können deswegen nur sehr langsam aufgebaut werden. Das Pferd muß oft das Kommando, die Hilfe (bzw. die Kombination aus mehreren Hilfen) für einen Teilschritt der gesamten Übung völlig verstanden und verinnerlicht haben, bevor ein weiterer Teilschritt mit einer dem Pferd davor noch unbekannten Hilfenkombination angehängt werden kann. Das ist zwar für einen Reitanfänger erst einmal nur bedingt von Bedeutung, weil er seine Übungen auf einem ausgebildeten Pferd absolviert, welches schon gelernt hat, die Hilfen zu verstehen. Trotzdem ist es für sein Verständnis der Zusammenhänge sinnvoll, daß er weiß, aus welchen Teilschritten sich manche Lektionen zusammensetzen und auch, wie das Pferd sie gelernt hat.

Neben den Verständnisschwierigkeiten hat das junge Pferd ganz einfach körperliche Probleme mit dem zusätzlichen Reitergewicht und ungewohnten Anforderungen, z. B. in engen Biegungen. Wie bei einem Turner müssen seine Muskeln langsam gymnastiziert werden. Zu schnelles Steigern der Anforderungen schädigt seine Sehnen und Gelenke und provoziert Ungehorsam aufgrund körperlicher Unzulänglichkeiten. *Langsamer Aufbau sowohl des »Sprachschatzes« hinsichtlich des Verständnisses für die reiterlichen Kommandos als auch der körperlichen Leistungsfähigkeit durch gymnastische Übungen sind nötig, um ein Reitpferd auszubilden. Auch verschiedene natürliche Ängste des Pferdes müssen durch Ausbildung zu Vertrauen und Gehorsam abgebaut werden, um ein brauchbares Reitpferd heranzubilden.* Der

Westernreiter konfrontiert sein Pferd deswegen im Training mit beängstigenden Situationen und Gegenständen. Bestes Beispiel ist das sogenannte Aussacken des jungen Pferdes, welches mit einer Decke oder einem Sack überall am Körper berührt wird. Läßt es sich das langsam und vorsichtig problemlos gefallen, wird die Berührung unter beruhigendem Zureden mit Schwung ausgeführt, also der Sack dem Pferd leicht gegen die Flanken und auf die Kruppe etc. geschlagen – solange, bis es nicht mehr erschreckt zusammenzuckt. So vorbereitet wird das Pferd beim ersten Satteln schon keine Probleme mehr bereiten. Später kann man auch Plastiktüten oder andere »gefährliche« Dinge zum Aussacken verwenden.

Viele solcher grundsätzlichen Gehorsamsübungen sind problemloser an der Hand zu trainieren als unter dem Reiter. Nicht nur für den, der selbst Pferde ausbildet, sondern auch für den Reitanfänger ist es sinnvoll, sich seinem Pferd schon bei Übungen an Longe und Führzügel verständlich zu machen, bevor es ans eigentliche Reiten geht. Für den Ausbilder ist es vor allem deswegen wichtig, weil er sich durch die Arbeit an der Hand das Anreiten des Pferdes erleichtert. Er bringt dem Pferd schon vom Boden aus das Verstehen und den Gehorsam auf verbale Kommandos sowie grundsätzlichen Respekt, aber auch Vertrauen zu seinem künftigen Reiter bei.

Für den Reitanfänger haben diese Übungen vom Boden aus einen anderen Sinn. Das Pferd des Anfängers ist naturgemäß ein ausgebildetes, welches verbale Kommandos und Hilfen schon verstehen gelernt hat und dann richtig reagiert, wenn der Reiter die richtigen Kommandos und Hilfen gibt. Die Kontrolle für richtige Einwirkung des Reitanfängers ist also die gewünschte Reaktion des Pferdes. Dieser Kontrollmechanismus funktioniert aber nur, wenn das Pferd den, der da auf seinem Rücken sitzt, genügend *ernst* nimmt, auch wenn er undeutliche oder ungeschickte Hilfen gibt, wie es beim Anfänger immer der Fall ist. Um ernst genommen zu werden kann sich nun der Reiter der Arbeit an der Hand bedienen. *Zu Fuß kann er sich bei seinem künftigen Reittier sowohl Respekt verschaffen als sich auch insgesamt mit den Verhaltensweisen und Reaktionen des Pferdes schon etwas vertraut machen.* Diese Vertrautheit gibt ihm später auf dem Pferderücken ein gewisses Maß an *Sicherheit,* weil er sich dadurch nicht mehr auf Gedeih und Verderb den für ihn anfangs unberechenbaren Reaktionen des Pferdes ausgeliefert fühlt. Gerade diese *Sicherheit wiederum ist ein wesentlicher Faktor für die Beherrschung des Pferdes.* Das Pferd spürt Unsicherheit und Angst eines Reiters und nutzt sie meist aus, um sich vor der Arbeit zu drücken bzw. seinen eigenen Kopf durchzusetzen. Ein ängstlicher Reiter wird nie den Respekt von seinem Pferd gezollt bekommen, der besonders für die Westernreitweise mit ihren nur angedeuteten Hilfen nötig ist. Fühlt er sich jedoch sicher auf dem Pferderücken, wie es sowohl durch häufige Sitzübungen an der Longe wie auch durch den vorangehenden Umgang mit dem Pferd erreicht wird, so spürt das Pferd seine Sicherheit. Er kann seine Wünsche mit viel mehr Nachdruck durchsetzen, und das Pferd wird sie respektieren. Der Reiter bekommt durch seine Sicherheit eine natürliche Autorität. Der feste Glaube daran, daß eine Übung funktioniert, trägt erheblich zum Gelingen bei.

Im folgenden Abschnitt werden die Übungen an der Hand und das richtige Longieren beschrieben, womit sich der Reiter Gehorsam und Respekt verschaffen kann, das Pferd aber auch an neue Übungen (insbesondere Trailhindernisse s. Seiten 65 bis 67 und 112 bis 120) gewöhnen kann. Vorangestellt sei noch, daß die Körperposition dessen, der das Pferd an der Hand arbeitet, zum Pferd eine entscheidende Bedeutung hat für das Verständnis des Pferdes von dem, was er von ihm will. Je nachdem,

ob der Führende direkt vor dem Pferd, seitlich vor dem Kopf, seitlich vor oder hinter der Schulter steht, wirkt es für das Pferd bremsend, seitwärtstreibend oder vortreibend.

Mit einer langen Gerte ist die Hinterhand zu beeinflussen, indem man ein Fesselgelenk von hinten antippt, um den Huf zum Abfußen zu bewegen. Auch ein beidseitiges Untersetzen der Hinterbeine, ein »Schließen des Pferdes« kann erreicht werden, indem man mit der Gerte von der Kruppe über den Schweifansatz bis zu den Sprunggelenken herunterstreicht. Das Pferd soll jedoch nicht mit der Gerte geschlagen werden, damit es keine Angst davor bekommt.

Übungen an der Hand und an der Longe

Führen

So einfach es klingen mag, aber das hundsgewöhnliche Führen des Pferdes ist eine nicht zu unterschätzende Gehorsamsübung. Es kommt nämlich nicht nur darauf an, daß das Pferd irgendwie an Halfter und Führstrick zu »bändigen« ist. Wichtig ist, daß das Pferd beim Führen nicht selbst die Richtung angibt, den Führenden in eine ihm genehme Richtung zerrt (weil dort vielleicht ein delikates Grashälmchen wächst) oder an ihm vorbeidrängelt. Die Nase des Pferdes soll sich etwa in

Höhe der Schulter des Führenden befinden. Dies sichert dem Reiter eine vorrangige Stellung, denn auch im Herdenverband darf das Pferd nicht am Leittier vorbeidrängeln. Versucht das Pferd, den Führenden zu überholen oder seitlich wegzuziehen, so bekommt es mit dem Führhalfter einen kurzen, harten Ruck auf die Nase. Bei besonders ungezogenen Pferden benutzt man dazu ein Halfter mit Führkette, die sich je nach Stärke des Rucks mehr oder weniger schmerzhaft über der Nase des Pferdes festzieht. Das Pferd soll rechts vom Führenden laufen. Dieser hat also

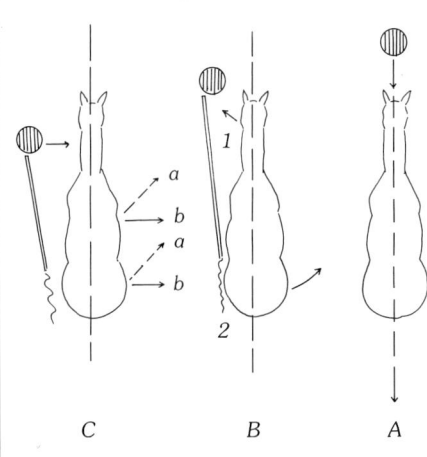

Positionen des Führenden für die Arbeit an der Hand

A rückwärtstreibend
Der Führende geht frontal auf das Pferd zu, tippt evtl. mit der Gerte die Fesseln an oder drückt gegen die Brust des Pferdes.

B bremsend – seitwärtstreibend z. B. für eine VHW
1 Der Führende zieht den Kopf des Pferdes zu sich
2 Er treibt die HH mit der Peitsche herum

C seitwärtstreibend
a Two Track (vorwärts – seitwärts)
b reine Seitwärtsbewegung

Der Führende geht auf das Pferd zu. Gleichzeitig treibt er mit der Peitsche die HH seitwärts. Außerdem muß er durch kurze Impulse am Führzügel das Pferd daran hindern, nach vorne wegzulaufen.

in der rechten Hand den Halfterstrick oder den Zügel. Auch ein Anheben des freien, linken Armes des Führenden vor die Nase des Pferdes oder ein Klaps mit der Gerte vor die Brust kann helfen, wenn das Pferd nach vorne drängelt.

Als zweiter Schritt kommt hinzu, daß das Pferd sofort anhält, wenn der Führende stehenbleibt. Dieser begleitet sein eigenes Stehenbleiben mit einem verbalen Kommando »Ho« oder »Halt«, ruckt kurz am Führstrick, und das Pferd sollte anhalten. Tut es das nicht, so folgt ein härterer Ruck oder ein Schlag gegen die Brust. Nach kurzer Zeit wird das Pferd den Bewegungen des Führenden aufmerksam folgen und auch ohne verbales Kommando stehenbleiben, wenn er stehenbleibt.

Das ist der Zeitpunkt, an dem man dazu übergehen kann, die ganze Prozedur auch im Trab zu üben. Der Führende läuft neben dem Pferd her und fordert es durch plötzliches Stehenbleiben mit dem Kommando »Ho« auf, das gleiche

zu tun. Mit diesen Übungen wird sowohl der Gehorsam des Pferdes dem Reiter / Führer gegenüber gefördert als auch der Einsatz seiner Hinterhand.

Auch das Antraben aus dem Halten kann geübt werden. Mit dem Kommando »Trab« oder der englischen Version »Jog« bzw. »Trot« (Jog ist der ganz langsame Trab, Trot die etwas schnellere Version) fordert man das Pferd dazu auf. Unterstützt wird die Stimmhilfe anfangs unter Umständen durch einen Klaps mit der Gerte, die der Führende in der linken Hand trägt, auf die Hinterhand.

Bei all diesen Übungen ist es wichtig, daß der Führende trotz konsequenter Korrektur immer ruhig und beherrscht bleibt und das Pferd bei richtiger, d. h. erwünschter, Reaktion sofort lobt. Jähzorn und unkontrolliertes Strafen haben beim Umgang mit Pferden nichts zu suchen. Die Arbeit am Führstrick bereitet auch den Gehorsam des Pferdes an der Longe vor.

Halfter mit Führkette

Richtiges Führen – der Kopf des Pferdes ist in Schulterhöhe des Führenden

Stop aus dem Trab an der Hand – das Pferd tritt weit unter seinen Schwerpunkt

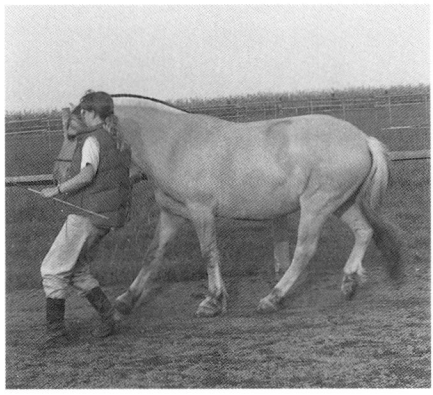

Longieren

Auch der Reitanfänger sollte schon lernen, wie er ein Pferd richtig longiert. Auch damit erleichtert er sich das eigentliche Reiten, besonders, wenn er ein Pferd mit viel Vorwärtsdrang reitet, welches ihm eventuell anfangs ein wenig zu schnell wird. Überschüssige Energie kann das Pferd durch Ablongieren loswerden und wird danach unter dem Reiter ruhiger gehen. Auch Spannungen im Rücken, die dazu führen, daß der Reiter schlecht sitzen kann, werden durch lösendes Longieren beseitigt. Longieren ist nun nicht nur einfaches »Im-Kreis-herumlaufen-lassen«, sondern will gekonnt sein. Zum Longieren gehört vor allem schon, wie auch beim späteren Reiten, daß der Longenführer / Reiter ein Auge bzw. das Gefühl für die Bewegungen des Pferdes bekommt. Er muß lernen zu sehen (später beim Reiten: zu spüren), ob das Pferd taktrein geht, also ob im Schritt der Viertakt, im Trab der diagonale Zweitakt und im Galopp der Dreitakt gewahrt ist (siehe Seiten 16 bis 20 / Sitz des Reiters), ob das Pferd rennt oder mit den Hufen im Sande schlurft, etc. Hat der Reiter gelernt, dies vom Boden aus zu beurteilen, so wird es ihm auch auf dem Pferderücken leichter fallen.

Eigenes Longieren und Beobachten sowie Sitzübungen des Anfängers an der Longe sollten Hand in Hand gehen. Nun liegt bei der Forderung nach einer solch übergreifenden und umfassenden Ausbildung die Schwierigkeit meist darin, daß für den einzelnen Reitschüler im allgemeinen nicht so viel Zeit aufgewendet werden kann, wenn die Ausbildung nicht unverhältnismäßig teuer sein soll. Es ist dementsprechend für den Reitanfänger sehr wichtig, die nötige Theorie aus Büchern zu lernen. Nicht nur Bücher über das eigentliche Westernreiten sind dafür zu empfehlen, sondern auch solche, die sich mit der klassisch-englischen Reitweise befassen. Unterschiede und Gemeinsamkeiten können so herausgefunden werden.

Das Longieren dient zwei verschiedenen Zwecken. Zum ersten dem, ein junges Pferd auf gebogenen Linien zu gymnastizieren und es dadurch auf das Reitergewicht und das Geritten-werden vorzubereiten. Zum zweiten dem, einem Reitanfänger (auf einem ausgebildeten Pferd) Gelegenheit zu geben, sich auf das Erlernen des richtigen Sitzes zu konzentrieren, ohne daß er gleichzeitig auf das Pferd einwirken muß, um es zu lenken. Das besorgt der Longenführer. Das Pferd wird zum Longieren gesattelt und für's erste mit einem Trensengebiß (Snaffle-Bit) aufgezäumt. Zusätzlich kommt ein Kappzaum (welcher zwar normalerweise bei den Vertretern der englischen Reitweise verwendet wird, aber auch für das Longieren des Westernpferdes sinnvoller als andere Gerätschaften ist), ersatzweise ein Halfter an den Kopf des Pferdes.

Das Pferd wird nun mit zwei Ausbindern leicht ausgebunden, so daß seine Nase kurz vor der Senkrechten steht. Man achte darauf, nie zu eng auszubinden – die Nase soll nicht hinter der Senkrechten stehen, da damit die freien Bewegungen des Pferdes behindert werden. Bei der ersten Longenphase im Schritt ist es meist sinnvoller, das Pferd überhaupt nicht auszubinden, um einen losgelassenen, freien Schritt zu erhalten.

Das Ausbinden hat nur den Sinn, dem Pferd die Möglichkeit zu nehmen, den Kopf zu hoch zu tragen und dabei den Rücken nach unten und die Hinterhand nach hinten wegzudrücken (besonders Pferde mit körperlichen Mängeln, wie einem empfindlichen Rücken oder einem schlecht angesetzten Hals, neigen dazu). Drückt es den Rücken weg, so sind seine Bewegungen hart und abgehackt; ein Reiter könnte schlecht sitzen, und das Pferd selbst empfindet Schmerzen durch das Reitergewicht auf der versteiften Rückenmuskulatur. Das Longieren soll nun das Pferd dazu bringen, vorerst ohne das Gewicht des Reiters seine Rückenmuskulatur auch in der Biegung zu entspannen und mit den Hinterbeinen weit unter seinen Schwerpunkt zu treten. Ein Abstrecken von Kopf und Hals nach vorwärts-abwärts soll auch mit Ausbindern im Normalfall möglich sein. Die Longe wird am Kappzaum oder am Halfter eingeschnallt, so daß das Pferd vom Longenführer nicht im Maul gestört wird.

Neben der Möglichkeit des Ausbindens am Gebiß gibt es noch andere Methoden, die sich besonders für Pferde mit Rückenproblemen anbieten und das Abstrecken und Dehnen des Halses und damit auch der Rückenmuskulatur besser ermöglichen. Diese Ausbinder wirken durch Druck auf Genick und Nase des Pferdes. Der Druck läßt sofort nach, wenn das Pferd den Rücken entspannt und sich streckt.

Der Longenführer bleibt im Mittelpunkt stehen und läßt das Pferd in einem Kreisbogen um sich herumlaufen. Dabei darf das Pferd nicht nach außen drängeln. Das bedeutet aber auch, daß der Longierende bei einem jungen

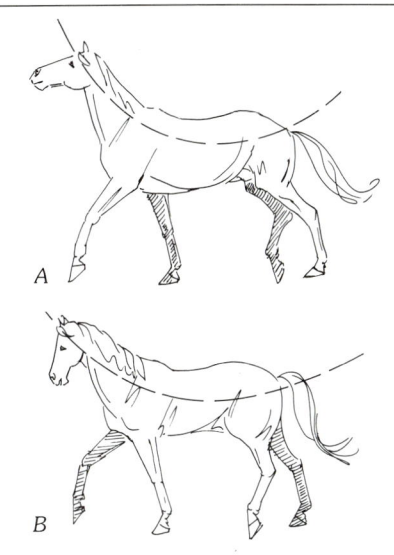

Die richtige Haltung

A Falsch: Pferd drückt Rücken und Hals weg (Hirschhals). Die Hinterhand schleift nach und tritt nicht unter den Schwerpunkt.

B Falsch: Das Pferd drückt wie in A Rücken und Hals weg, obwohl es Head Set zeigt. Diese Haltung ist eine Folge von zuviel Zügeleinwirkung.

C Richtig: Richtige Haltung des leicht versammelten Pferdes mit gesenkter, aktiver HH.

D Richtig: Richtige Haltung des Pferdes mit langem Hals; auch hier tritt die HH gut unter.

Pferd, um keinen Widerstand zu provozieren, den Kreis anfangs genügend groß wählt, damit sich das Pferd auf der gebogenen Linie noch ausreichend ausbalancieren kann. Das junge Pferd muß erst lernen, sein Gleichgewicht auf kleineren Kreislinien zu finden und kann nur langsam daran gewöhnt werden. Bestes Hilfsmittel ist ein eingezäunter Longierzirkel, in dem das Pferd nach außen nicht weg kann und in dem keine Ecken vorhanden sind, in denen es stehenbleiben könnte. An der Longe »verständigt« sich der Longierende mit seinem Pferd durch verbale Kommandos, wie auch schon am Führzügel, ein verstärktes Annehmen der Longe, wenn das Pferd langsamer werden und ein Zeigen der Peitsche, unter Umständen auch leichtes Antippen an die Hinterhand, wenn das Pferd schneller werden oder die nächsthöhere Gangart aufnehmen soll.

Auch die Longierpeitsche ist nicht zum Schlagen da, denn das Pferd darf keine Angst vor ihr bekommen, da es in diesem Fall vor der Peitschenhilfe davonlaufen würde und diese nicht in fein dosierter Form eingesetzt werden könnte. Soviel kurz zum Longieren, welches der Reitanfänger anfangs unter Anleitung und mit erklärenden Kommentaren eines Lehrers zu den Bewegungen des Pferdes ausführen sollte. Einige weitere Übungen an der Hand sollen im folgenden zur Sprache kommen.

Rückwärtsrichten

Das Rückwärtsrichten am Führzügel fördert das Vertrauen des Pferdes zu seinem Reiter und erleichtert dessen spätere Hilfengebung auf dem Pferderücken. Da das Pferd nicht sieht, wohin es tritt, wenn es rückwärts geht, muß es dem Reiter blind vertrauen, daß sich z. B. hinter ihm nicht ein Hindernis in irgendeiner Form befindet.

Begleitet von einem verbalen Kommando (»Back«, »Zurück«, etc.) stellt sich der Reiter schräg vor das Pferd, tippt es mit der Gerte / Peitsche leicht an einem der vorderen Fesselgelenke an und geht etwas nach vorne auf das Pferd zu. Dabei hebt er den Führzügel an. Normalerweise hebt es nun das angetippte Bein und setzt es ein wenig zurück. Dafür (für diese erwünschte Teilreaktion) wird das Pferd nun schon ausgiebig gelobt. Daraufhin tippt der Reiter das andere Fesselgelenk an, bis es das Pferd leicht zurücksetzt (wieder loben). Mit diesem kleinen Erfolg gibt sich der Reiter bei einem jungen Pferd nun für's erste zufrieden und probiert es später nochmal. Der Reitanfänger, der dies mit einem ausgebildeten Pferd probiert, kann natürlich gleich einige Tritte

Rückwärtsrichten an der Hand

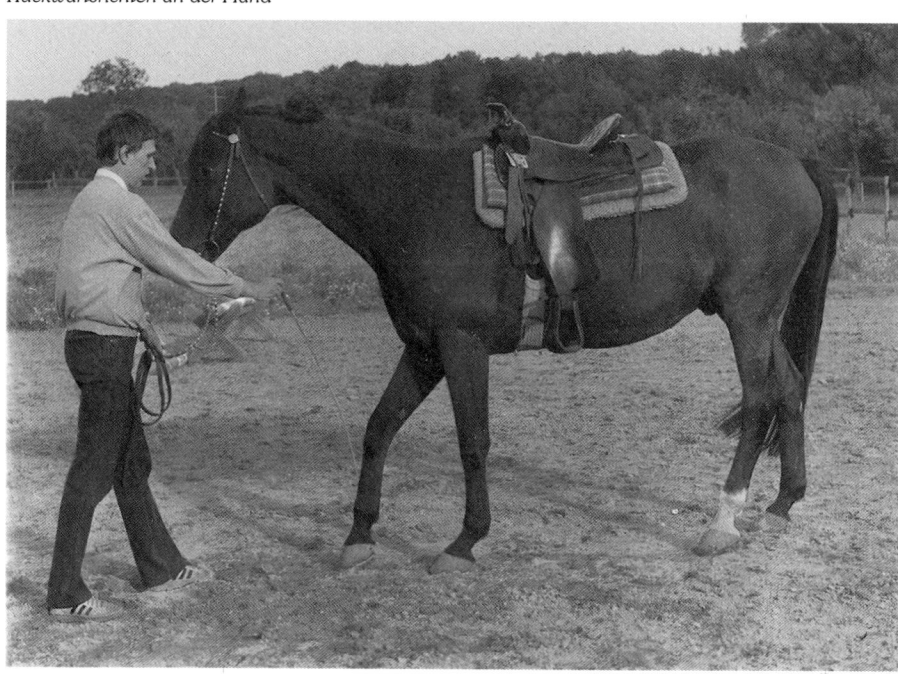

rückwärts verlangen. Statt des Antippens am Bein kann er dem Pferd auch mit der flachen Hand oder der Gerte leicht vor die Brust klatschen.

Beim Rückwärtsrichten an der Hand kann der Reitanfänger schon einmal darauf achten, ob das Pferd taktmäßig rückwärts tritt. Es soll, wie im Trab, jeweils das diagonale Beinpaar heben und gleichzeitig nach hinten setzen. Mit der Zeit sollte das Pferd nur auf Anheben des Führzügels und das Kommando »Back« rückwärts gehen.

Was beim Rückwärtsrichten hinsichtlich der Bewegungen des Pferdes zu beachten ist, wird im Kapitel des Rückwärtsrichtens unter dem Reiter noch genauer beschrieben.

Seitliche Kontrolle von Vor- und Hinterhand

Seitwärtstreten / Schenkelweichen und Vorhandwendung an der Hand

a. Vorwärts-Seitwärts-Bewegung (Schenkelweichen/Two Track)

Der Reiter stellt sich mit einer langen Gerte oder Peitsche seitlich – etwa in Höhe der Schulter – neben sein Pferd und fordert es mit leichtem Antippen des inneren Hinterbeines dazu auf, dieses anzuheben und schräg vor das äußere Hinterbein zu setzen (überzutreten). Der Tendenz des Pferdes, nach vorne auszuweichen, wird durch kurzes ein- oder mehrmaliges Annehmen des Führstrickes entgegengewirkt. Das gleichseitige Vorderbein tritt später bei einer längeren Phase des Seitwärtstre-

tens automatisch mit über. Ihm braucht man wenig Beachtung zu schenken. Bei jungen Pferden wird jedes auch nur angedeutete Übertreten gelobt.

b. Reine Seitwärtsbewegung ohne Vorwärtstendenz

Hierbei soll das Pferd sich quer zu seiner Längsachse bewegen. Ein Übertreten von Vorder- und Hinterbein wie beim Schenkelweichen ist nicht unbedingt erwünscht, jedoch auch nicht falsch. Der Führende steht schräg vor dem Kopf des Pferdes, so daß es in seiner Vorwärtstendenz gebremst wird. Er verlangt nur winzige Tritte seitwärts. Die äußeren Beine des Pferdes greifen dabei seitlich etwas aus, die inneren werden nachgestellt. Es ist dies eine Vorübung für den Trail, bei dem das Pferd seitwärts über eine Stange treten soll (mit der Stange zwischen Vorder- und Hinterbeinen). Dies kann im Anschluß an das Training ohne Stange auch an der Hand geübt werden.

c. Vorhandwendung

Klappt das Seitwärtstreten, so ist es nur ein kleiner Schritt zur Vorhandwendung. Der Reiter begrenzt mit einem »Ho« und dem Annehmen des Führstrickes die Vorwärtsbewegung ganz und treibt die Hinterhand durch Antippen mit der Gerte schrittweise um die Vorhand herum. Er steht dabei fast frontal vor dem Pferd.

Das Training von Seitwärtstreten und Vorhandwendung an der Hand dient hauptsächlich dazu, dem Pferd schon die Bewegungsabläufe ohne Reiter klarzumachen, die es später mit Reiter ausführen soll (genaueres ab Seite 96: »Seitwärtstreten«).

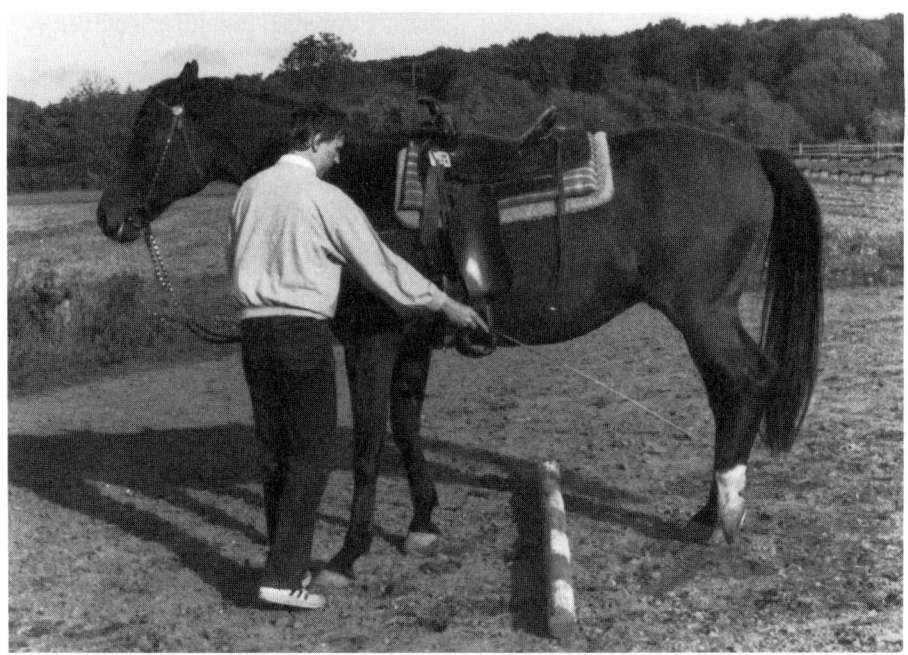

Seitwärts über eine Stange an der Hand

Vorhandwendung an der Hand

Trailübungen an der Hand und an der Longe

Fast alle Übungen, deren Hilfengebung unter dem Reiter im Kapitel Trail beschrieben wird, können an der Hand geübt werden. Noch stärker als die vorangehend beschriebenen Übungen an der Hand dienen sie der Förderung von Vertrauen und Respekt dem künftigen Reiter gegenüber.

In diesem Kapitel will ich mich auf gängige Hindernisse beschränken, deren Kombinationsmöglichkeit jedoch vielfältig ist.

Das Führen des Pferdes über simulierte Stege, Brücken und Wippen, über Plastikplanen und durchs Wasser

Mit einem Pferd, welches diese Dinge kennt und die Angst davor verloren hat, ist dies überhaupt kein Problem. Bei unerfahrenen, noch ängstlichen Pferden braucht es seitens des Führenden viel Geduld, aber auch genug Durchsetzungsvermögen (und meist auch noch einen erfahrenen Helfer). Ein Pferd, welches immer wieder wegspringt oder sich weigert, mehr als die Hufspitze auf eine Wippe o. ä. zu setzen, stellt die Geduld und Konsequenz des zukünftigen Reiters auf eine harte Probe, ist jedoch eine gute Übung für ein pferdegerechtes Verhalten, welches für den Reiter noch wichtiger ist, wenn er erst einmal halbwegs oben sitzen kann und dem Pferd seine Wünsche vermitteln will. Oft muß sich der Reiter mit Teilerfolgen erst einmal zufrieden geben – z. B. wenn das Pferd quer statt längs über die Wippe läuft. Auch ein Lob, wenn das Pferd vorsichtig einen Huf auf die so gefährlich aussehende Plastikplane setzt, wirkt oft Wunder.

Führen und Longieren über Stangen

Um das Pferd dazu zu bringen, seine Hufe zielgenau zu positionieren und genau hinzuschauen, wohin es tritt, wird es im Schritt zuerst über einzelne Stangen geführt, dann über Stangen, die »passend« in einem Abstand liegen, der

Wenn das Pferd genug Vertrauen zum Führenden hat, so folgt es ihm willig auch durch flatternde Bänder.

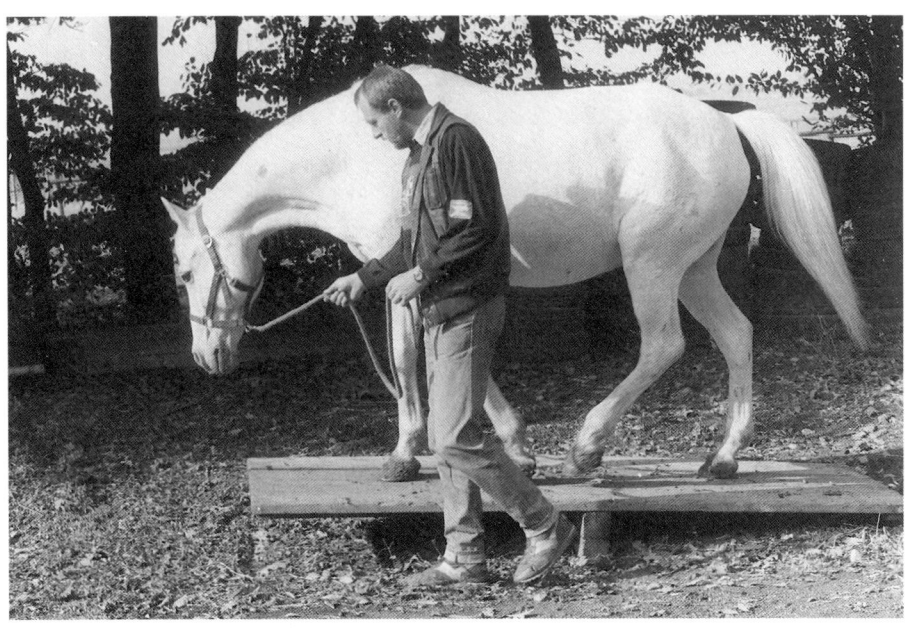

Führen über die Wippe
Das Pferd schaut aufmerksam, wohin es tritt.

Autoreifen als Trailhindernis

Führen über ein Stangengitter
Eine recht schwierige Übung, die viel Aufmerk-
samkeit und Mitarbeit vom Pferd fordert.

der Schrittlänge des Pferdes entspricht (etwa 0,8–1 m) und später auch über mehrere Stangen, die »unpassend« liegen.

Mit einem begleitenden Wort, wie »paß auf« etc., und einem Senken der führenden Hand fordert man das Pferd dazu auf, den Kopf zu senken und genau hinzuschauen, wohin es tritt. Der pferdesportliche Laie bzw. Anfänger wird diese Übungen für sehr einfach halten – sie sind es jedoch nicht, wie er schnell feststellen wird, wenn ein unerfahrenes Pferd dabei laufend auf eine Stange drauftritt oder über die eigenen Füße fällt, weil es nicht aufpaßt. Als Steigerung können Stangengitter oder Hindernisse aus alten Autoreifen gelegt werden, wenn das Pferd sicher über normale Stangen läuft.

Trab über Stangen

Sowohl an der Hand als auch an der Longe kann man das Pferd im Trab über mehrere Stangen treten lassen. Dabei muß der Abstand der Stangen zueinander der Länge des Trabtrittes des Pferdes (etwa 1,2–1,5 m) entsprechen. Man darf im Trab die Stangen nicht unpassend, d. h. mit unterschiedlichen Abständen legen, da das Pferd in dem Fall gezwungen wäre, einen taktunreinen Trab zu gehen – dies soll jedoch unter allen Umständen sowohl an der Hand / Longe wie auch unter dem Reiter vermieden werden. Es ist jedoch manchmal sinnvoll, den Abstand der Stangen gleichmäßig etwas zu vergrößern oder zu verkleinern, so daß das Pferd die Länge seiner Trabtritte gleichmäßig verlängern bzw. verkürzen muß (bei faulen Pferden empfiehlt sich ersteres, bei hektischen das

zweite). An der Longe müssen die Stangen fächerförmig gelegt werden, da sich das Pferd ja auf einer Kreislinie befindet. Je nachdem, wie kurz man die Longe nimmt, variiert dabei der Abstand der Stangen zueinander.

Galopp über Stangen

Diese Übung wird an der Longe ausgeführt mit wiederum fächerförmig im Kreis liegenden Stangen, deren Abstand der Länge eines Galoppsprunges entspricht (etwa 3 m). Man beginnt mit einer Stange und steigert langsam bis zu vier Stangen. Der Longierende muß darauf achten, daß das Pferd nicht hektisch auf die Stangen losrennt. Dies tut es, wenn es Angst hat, seine Füße nicht »sortieren« zu können. Die Anzahl der Stangen darf erst dann gesteigert werden, wenn das Pferd ruhig über eine einzelne Stange galoppiert.

Rückwärtsrichten um Markierungen (gelenktes Rückwärtsrichten)

Wenn das Pferd an der Hand sicher geradeaus rückwärts geht, kann mit dem Rückwärtstreten um Markierungen begonnen werden. Zuerst begnügt man sich mit Schlangenlinien um Pylone, später fordert man auch 90-Grad-Wendungen, wie sie im Trail im Stangen-L vorkommen. Die Hinterhand wird mit einer langen Gerte kontrolliert, die Vorhand mit dem Führstrick sowie durch Druck gegen die Schulter. Der Führende bleibt dabei auf einer Seite des Pferdes (der linken, wie auch beim normalen Führen). Soll die Hinterhand nach rechts gehen, so zieht der links vom Pferd stehende Führende Kopf und Hals des Pferdes mittels des Führstrickes zu sich heran und tippt mit der Gerte die Hinterhand links an. Soll die Hinterhand nach links gehen, um einer Markierung auszuweichen, so drückt er gegen die linke Schulter des Pferdes – die Vorhand geht nach rechts, die Hinterhand weicht daraufhin nach links aus. Beides natürlich in der Rückwärtsbewegung.

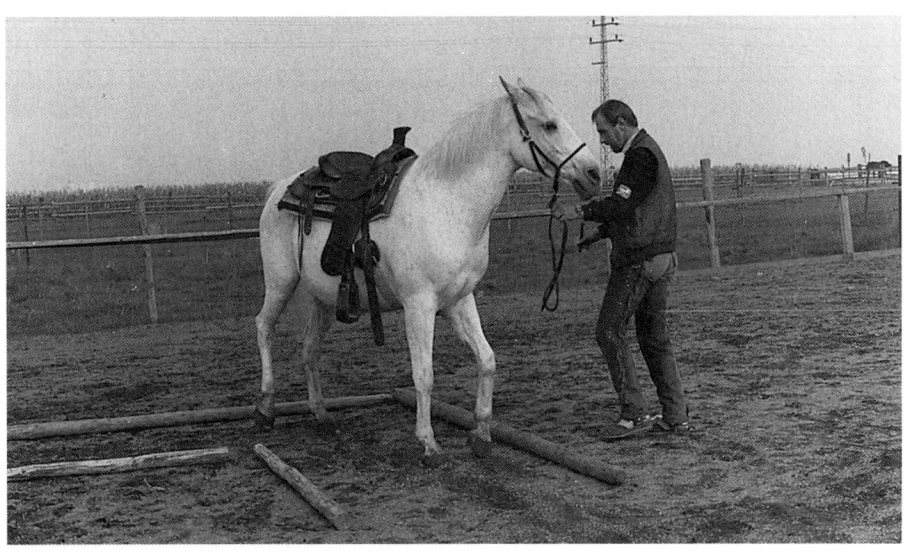

Gelenktes Rückwärtsrichten

Gerade rückwärts ins L einfädeln. Danach 90 Grad nach links – der Führende zieht den Kopf des Pferdes nach rechts und treibt die HH mit der Gerte nach links

Das Aufsitzen

Aufsitzen kann der Reiter auf zwei verschiedene Weisen:

1. Er stellt sich auf die linke Seite des Pferdes mit dem Rücken in Richtung Pferdekopf. Mit der linken Hand ergreift er einen Zügel und mitsamt dem Zügel das Sattelhorn (der Zügel darf dabei nicht anstehen – das Westernpferd hat gelernt, daß es beim Aufsitzen nicht zappeln oder wegtreten darf, es braucht nicht mit dem Zügel festgehalten zu werden). Mit der rechten Hand dreht er sich den Steigbügel nach vorn herum (siehe Abb. A) und setzt den linken Fuß in den Steigbügel. Dann greift er mit der rechten Hand ans Cantle, stößt sich leicht mit dem rechten Fuß ab und zieht sich hoch. Dabei darf er das Pferd nicht mit der linken Fußspitze in die Seite pieken. Die rechte Hand wird nun nach vorn genommen, stützt sich an der Fork ab, das rechte Bein wird über das Pferd geschwungen – ohne dieses zu berühren. Ist er soweit, läßt sich der Reiter nicht etwa erleichtert in den Sattel plumpsen, sondern gleitet geschmeidig hinein, indem er zuerst sein Gewicht auf den Oberschenkeln abstützt und es erst langsam auf das Gesäß verlagert. Sitzt er oben, so reitet er nicht sofort los, sondern läßt das Pferd erst noch eine Weile ruhig stehen, setzt sich zurecht und gibt dann erst die Hilfen zum Anreiten. Das ist deswegen wichtig, weil das Pferd sich nicht angewöhnen soll, sofort loszulaufen, wenn der Reiter oben sitzt – oder, was viele Pferde auch gerne tun,

A

B

Aufsteigen 1. Variante C

69

wenn der Reiter erst halb oben sitzt. Das Pferd soll solange ruhig stehen bleiben, bis es die Hilfen zum Antreten vom Reiter bekommt.

2. Bei der zweiten Version des Aufsitzens steht der Reiter parallel zum Pferd, schaut also in die gleiche Richtung. Die linke Hand greift wieder an das Sattelhorn, die rechte ans Cantle, der linke Fuß wird von hinten in den Steigbügel geschoben. Nachdem der Reiter sich hochgezogen hat, greift die rechte Hand um. (Weiterer Ablauf wie 1. Variante)

Aufsteigen   2. Variante

Die Hilfengebung in den Grund-gangarten

Die Hilfen im Schritt

Zum Anreiten im Schritt geht der Reiter mit beiden Händen leicht vor, neigt den Oberkörper *leicht* nach vorne und drückt mit beiden Unterschenkeln (mit der sogenannten flachen Wade bei parallel zum Pferd eingedrehten Fußspitzen) etwa in Höhe des Sattelgurtes kurz gegen die Flanke des Pferdes. Ein leichter Druck sollte genügen, um das Pferd in Bewegung zu setzen. Reagiert es nicht, so wird der Druck nicht einfach verstärkt, sondern erst wieder ganz weggenommen, um dann verstärkt eingesetzt zu werden. Letzte Verstärkung ist ein leichtes einmaliges Klopfen mit den Unterschenkeln. Reagiert das Pferd darauf immer noch nicht, empfiehlt sich eher ein Klaps mit der Gerte, um ihm klarzumachen, daß es der Reiter ernst meint, als ein nochmaliges Probieren mit Schenkeldruck oder Klopfen. Ein ewig klopfender Schenkel stumpft das Pferd nur ab. Die meisten gut gerittenen Westernpferde reagieren schon allein auf das Verlegen des Gewichtes nach vorne und das Vorgehen mit der Hand. Zusätzlich zu den Hilfen mittels seiner Körperposition kann der Reiter das verbale Kommando »Schritt« oder »Walk« geben.

Übrigens: In der englischen Reitweise wird das Anreiten anders gehandhabt. Der Reiter nimmt sein Gewicht zurück statt nach vorne und läßt die Hand, ohne vorzugehen, stehen. Im Zuge der angestrebten Minimalhilfengebung, also bei einem Pferd, welches nicht konstant am Zügel stehen soll, ist dies jedoch nicht sinnvoll. Denn es bedeutet, daß der Reiter gegen seine eigenen verhaltenden Zügelhilfen arbeitet, d. h. treiben muß. Bei einem Arbeitspferd – und als solches wird das Westernpferd immer noch prinzipiell ausgebildet – ist eine solche Hilfengebung zu kompliziert und kräftezehrend (für Reiter und Pferd).

Befindet sich das Pferd im Schritt in einem vom Reiter gewünschten Tempo, so setzt sich der Reiter sofort wieder aufrecht hin und stellt jede weitere Hilfengebung ein. Das Fehlen von Hilfen – das »In-Ruhe-lassen« – soll dem Pferd signalisieren, daß seine Reaktion richtig war. Erst, wenn das Pferd langsamer wird oder aber antraben will, greift der Reiter wieder ins Geschehen ein. Und natürlich, wenn er eine Wendung, etc. reiten will (Hilfengebung dazu ab Seite 85). Das wechselseitige Treiben im Schritt, wie aus der englischen Hilfengebung bekannt, entfällt.

Die Hilfen zum Antraben

Will der Reiter antraben, so nimmt er aus dem Schritt wieder sein Gewicht leicht nach vorne, geht mit der Hand (bzw. bei beidhändiger Zügelführung mit beiden Händen) vor und gibt ein stimmliches Kommando (Trot, Jog oder Trab, etc.).

Der Unterschied zur Hilfengebung für den Schritt besteht eigentlich nur in der Intensität der Hilfen. Befindet sich das Pferd im Trab, wird wieder jede Hilfengebung eingestellt. Der Zügel ist lose, die Beine des Reiters hängen locker aus der Hüfte herunter, nur die Wade bekommt durch den heruntergedrückten Absatz etwas Spannung. Meist wird das Westernpferd am Anfang einige Runden etwas flotter im leichten Sitz geritten oder auch leichtgetrabt, wie es aus der englischen Reitweise bekannt ist, um es zu lösen. Ausgesessen wird nur der langsame Jog, der noch unter dem Tempo eines versammelten Trabes in der englischen Reitweise liegt.

Leichter Sitz im Trab

Die Hilfen zum Angaloppieren

Gibt der Reiter die Hilfen für Schritt und Trab, so muß er sich keine weiteren Gedanken darüber machen, auf welcher Hand er sich befindet, im Galopp muß er jedoch darauf achten, ob er auf der rechten Hand – also rechtsherum – oder auf der linken Hand (linksherum) reitet. Das Pferd soll nämlich auf der rechten Hand Rechtsgalopp und auf der linken Hand Linksgalopp gehen (wem die Begriffe schon wieder entfallen sind, der blättere zurück zu den Seiten 16–20). Die Galopphilfen werden beim Westernreiten anders gegeben als in der englischen Reitweise. Das liegt schlicht und einfach an der Methode, wie die meisten Western-Ausbilder ih-

ren Pferden das richtige Angaloppieren beibringen. Ein englisch gerittenes Pferd, welches auf die Westernreitweise umgestellt werden soll, kann ruhig weiter mit den englischen Galopphilfen geritten werden. Diese werden nun zur Genüge in anderen Büchern beschrieben – ich will mich hier auf die westerntypische Hilfengebung beschränken.

Will der Reiter auf der rechten Hand angaloppieren, so verlegt er sein Gewicht leicht nach außen – also nach links. Zusätzlich stellt er sein Pferd nach außen und treibt mit dem äußeren Schenkel am Sattelgurt (er wirkt auf das äußere linke Hinterbein). Das Pferd bekommt durch diese Hilfen die innere (rechte) Schulter zum Vorspringen frei und wird rechts angaloppieren. Die Außenstellung entfällt mit zunehmender Sensibilisierung des Pferdes. Bei einem gut ausgebildeten Pferd genügen eine

Hier sieht man deutlich das »führende« linke Vorderbein im Linksgalopp.

ersten Galoppsprung durch Entlasten der Hinterhand erleichtern (das Pferd beginnt jede Bewegung mit der Hinterhand). Das Zurücknehmen nach dem ersten Galoppsprung soll ihm signalisieren, daß es die weiteren Galoppsprünge nicht verlängern, also im Tempo zulegen, sondern langsam weitergaloppieren soll. Will der Reiter einen schnelleren Galopp, so bleibt er mit dem Gewicht etwas weiter vorn.

Wichtig ist, daß der Reitanfänger nach einiger Zeit das Gefühl dafür entwickelt, ob das Pferd rechts oder links galoppiert oder ob es Kreuzgalopp geht, bei dem es mit den Vorderbeinen rechts und den Hinterbeinen links bzw. umgekehrt galoppiert.

Prinzipiell ist der Kreuzgalopp auch »kreuzunbequem«. Wenn der Reiter also große Schwierigkeiten mit dem Sitzen hat, so ist der Verdacht naheliegend, daß das Pferd Kreuzgalopp geht.

Galoppiert das Pferd auf der linken Hand rechts und auf der rechten Hand links, so ist dies für den Reiter besonders in den Ecken oder auf dem Zirkel (also in Wendungen) ähnlich unbequem – das Pferd setzt ihn nach der falschen Seite – nach außen.

Wenn er es häufig gesagt bekommt, ob er sich im falschen Galopp befindet, stellt sich das Gefühl dafür bald ein. Der erfahrene Reiter merkt schon beim Anspringen des Pferdes im Galopp, ob es rechts oder links galoppieren will.

Wer es noch nicht merkt, auf welcher Hand das Pferd galoppiert, kann auf die Schultern des Pferdes schauen. Galoppiert es rechts, so geht die rechte Schulter etwas weiter vor als die linke, links umgekehrt.

leichte Gewichtsverlagerung und ein kurzer Schenkeldruck. Auf der linken Hand gibt er die Hilfen für den Linksgalopp genau umgekehrt: Rechtsstellung des Pferdes, Druck mit dem rechten Unterschenkel, Gewicht nach rechts.

Auch hier wird das Gewicht wieder, zusätzlich zur seitlichen Verlagerung, leicht nach vorne genommen. Sobald das Pferd sich im Galopp befindet, setzt sich der Reiter jedoch sofort wieder gerade hin oder nimmt das Gewicht leicht zurück, wenn er langsam galoppieren will. Die Tempokontrolle sollte in jeder Gangart weitgehend über die Gewichtsverlagerung und den Kniedruck erfolgen und nur in sehr geringem Maße über ein Annehmen des Zügels. Der Zügel soll auch im Galopp lose sein, d. h. minimal durchhängen.

Das Vorneigen des Reiters in der Phase des Angaloppierens soll dem Pferd den

Geradeausreiten/Geraderichten des Pferdes

So unkompliziert es klingt – aber das Geradeausreiten ist nicht einfach, besonders am losen Zügel nicht. Erstens muß der Reiter die natürliche Schiefe des Pferdes (es ist immer auf einer Seite ein wenig steifer als auf der anderen – siehe äußere Form des Pferdes) überwinden. Zweitens sitzt er manchmal selbst schief auf dem Pferd, ohne es zu merken, und wundert sich, warum sein Pferd von der geraden Ideallinie abweicht, wenn er nicht auf dem Hufschlag, d. h. an der Reitbahnumzäunung entlang, reitet.

Eine gute Übung ist das Reiten auf der Mittellinie – zuerst im Schritt, später im Trab und schließlich im Galopp. Besonders im Galopp ist es recht schwierig, denn es wird ja mit leichter Gewichtsverlagerung nach außen angaloppiert. Dies ist jedoch nur die Hilfe zum richtigen Angaloppieren; danach soll sich der Reiter wieder gerade hinsetzen, also ohne seitliche Gewichtsverlagerung auf der Geraden. Der Reiter muß darauf achten, beide Gesäßknochen gleichmäßig zu belasten sowie beide Zügel gleichweit vom Hals entfernt und gleichlang zu halten. Die gleiche Länge ist auch beim losen Zügel wichtig, weil der kürzere Zügel eher einmal ungewollt an den Hals angelegt werden kann und dann ebenso ungewollt als Druckzügel wirkt.

Der Reiter soll zwischen den Ohren seines Pferdes hindurch den Punkt anvisieren, auf den er zureiten will – auf der Mittellinie also den Mittelpunkt der kurzen Seite. Ein ausgebildetes und hinreichend geradegerichtetes Pferd wird bei richtigem Sitz des Reiters schnurgerade auf der Mittellinie bleiben. Tut es dies nicht, so ist im allgemeinen der Reiter schuld.

Ein steifes Pferd wird dagegen entweder nach einer Seite wegdrängeln oder mit Vorder- und Hinterhufen nicht in der gleichen Spur laufen – der Reiter spürt dabei vermehrt den Gesäßknochen auf der steiferen Seite des Pferdes, wenn er versucht, gerade sitzen zu bleiben. Die Hinterhand wird nach der steiferen Seite versetzt. Ist das Pferd links steifer, so tritt das linke Hinterbein links von der Spur des linken Vorderbeines auf, das rechte Hinterbein links von der Spur des rechten Vorderbeines. Somit erspart sich das Pferd das Untertreten und vermehrte Tragen des Gewichtes mit dem linken Hinterbein. Der Reiter muß nun mit dem Schenkel auf der steiferen Seite (im Beispiel links) etwas hinter dem Gurt die Hinterbeine in die Spur der Vorderbeine treiben. Auf der anderen Seite (hier rechts) nimmt er den Zügel kurz an, um zu verhindern, daß das Pferd mit der Vorhand genausoweit seitlich ausweicht, wie die Hinterhand seitwärts versetzt wird. Mit einer einmaligen Korrektur wird es dabei natürlich nicht getan sein. Wie immer beim Westernreiten wird solange korrigiert, bis das Pferd längere Zeit gerade bleibt. Manchmal wird es auch notwendig sein, einmal kurz beide Zügel anzunehmen, wenn das Pferd sich der Korrektur nach vorne entziehen will. Das Gefühl dafür, wann welcher Zügel oder wann beide Zügel kurz angenommen werden, stellt sich mit der Zeit beim Reiter ein – genauso wie das Gefühl für die nötige Intensität der Zügelhilfe. Meist ist weniger mehr. D. h. ein kurzer leichter Impuls, der schnell hintereinander (manchmal fast vibrierend) wiederholt wird, ist fast immer sinnvoller als ein härteres, längeres Annehmen.

Bei Pferden, die Schwierigkeiten beim Geraderichten machen, kann auch der lose Zügel kurzfristig einmal aufgegeben werden, um schneller und effektiver korrigieren zu können. Das bedeutet, daß beide Zügel statt lose zu hängen eine minimale Verbindung zum Pferdemaul behalten (und leichten Druck auf das Pferdemaul ausüben), wie es in der englischen Reitweise üblich ist und für ein Signal mit dem Zügel der Druck im Maul nur verstärkt wird.

Die Formate eines normalen Dressurvierecks von 20 × 40 m sind für Übungen im Geradeausreiten oft nicht ausreichend.

Lange Geraden auf z. B. abgemähten Äckern sind ein guter Behelf – auch, um ein Pferd auf der Geraden ohne Anlehnung an die Bande zu stoppen und gerade am losen Zügel wieder anzureiten, wie es in vielen Westernprüfungen verlangt wird. Auch der für eine Reining erforderliche Run-Down, eine Beschleunigung im Galopp auf der Geraden (ohne Bandenanlehnung) vor einem Sliding Stop erfordert große Plätze und einen griffigen, nicht zu tiefen Boden.

Trail: Über die Wippe

Die Losgelassenheit von Pferd und Reiter – Lösen des Pferdes

Ein in der Rückenmuskulatur lockeres Pferd mit geschmeidigen Bewegungen läßt einen Reiter gut sitzen. Hat der Reiter keine Probleme mit dem Sitz, stört er das Pferd im Rücken nicht, d. h. das Pferd bleibt locker im Rücken und verspannt sich nicht.

Was aber, wenn dieser positive Kreislauf unterbrochen würde?

Angenommen, das Pferd verspannt sich aus Angst, daß der Reiter ihm mit seinem Gewicht in den Rücken plumpst? Oder einfach aufgrund eines schlechten Körperbaus (Exterieur), z. B. mit einem schwachen, empfindlichen Rücken oder einem schlecht angesetzten Hals (Hirschhals). Der Reiter kann schlecht sitzen, weil das Pferd ihn aufgrund der festgehaltenen Rückenmuskulatur, des »weggedrückten« Rückens, »wirft« und stört daraufhin das Pferd erst recht. Das veranlaßt das Pferd, den Störungen durch einen unruhig sitzenden Reiter mit noch stärker angespannter Muskulatur zu begegnen. Dieser Teufelskreis muß durch Einwirkung des Reiters oder durch Arbeit an der Longe unterbrochen werden.

Ein Pferd mit weggedrücktem Rücken kann die Hinterbeine nicht mehr untersetzen und wirft Kopf und Hals hoch (siehe Zeichnung Seite 61). Im Trab zeigt es entweder gespannte Tritte mit einer zu langen Pause zwischen dem Abfußen der jeweiligen Beinpaare (bei eher nervösen Pferden) oder es zieht die Hufe im Sand nach (bei eher faulen Pferden). – Im Galopp geht der Takt

verloren. Temperamentvolle Pferde zeigen oft den sogenannten »Hasengalopp«, bei dem die beiden Hinterbeine fast gleichzeitig abfußen. Faule Pferde dagegen gehen meist einen Vierschlaggalopp, bei dem das diagonale Beinpaar nicht mehr gleichzeitig abfußt.

Das Pferd muß dazu gebracht werden, die Rückenmuskeln zu entspannen. Das kann es tun, indem es Hals und Kopf senkt und mit den Hinterbeinen gut untertritt. Der Reiter muß es jedoch dazu zwingen, denn freiwillig wird es dies aus Angst vor dem störenden Gewicht nicht tun. Was kann der Reiter also tun?

In der englischen Reitweise wird in solchen Fällen versucht, das Pferd durch dauernde Paraden (kurzes vermehrtes Annehmen des vorher leicht anstehenden Zügels) und dauerndes Treiben zusammenzustellen – also die Hinterhand zu aktivieren und das Pferd zum Senken von Kopf und Hals zu veranlassen (auch das Longieren mit Hilfszügeln gehört dazu). Das ist auch in der Westernreitweise nicht falsch. Im Zuge der Minimalhilfengebung ist jedoch diese Art des Zusammenstellens nur in manchen Fällen oder als kurze Ergänzung sinnvoll. Und vor allem ist die richtige Dosierung von verhaltenden Zügelhilfen und treibenden Gewichts- und Schenkelhilfen bei Pferden mit Rückenproblemen recht schwer. Durch falsch dosiertes »Ziehen« am Zügel kann das Problem verschlimmert werden.

Der Westernreiter bedient sich statt dessen weitgehend anderer Methoden, um das Pferd im Rücken zu lösen. Sämtliche Übungen an der Hand und an der Longe sind dafür zu empfehlen, bei denen das Pferd erst einmal ohne Reiter dazu gebracht wird, Kopf und Hals zu senken, um hinzuschauen, wohin es geht (Stangen zum Darübertraben, Stangengitter, Autoreifen, Rückwärtsrichten und Seitwärtstreten an der Hand – alles, was die Aufmerksamkeit des Pferdes fesselt und mit Dehnbewegungen des Rückens und Rippenbiegung einhergeht – siehe Übungen an der Hand und Trail). Drückt es auch an der Longe den Rücken weg, so wird es mit einem Ausbinder longiert, der auf die Nerven hinter dem Ohr drückt (siehe Seite 51), solange das Pferd den Kopf nicht senkt. In dem Moment, in dem das Pferd sich »rund« macht, also Hals und Kopf senkt und mit den Hinterbeinen untertritt, übt dieser Ausbinder keinen Druck mehr aus.

Unter dem Reiter werden das Reiten vieler und enger Wendungen im Schritt und im Trab sowie das Vorwärts-Seitwärts-Treten Abhilfe schaffen. Ein Pferd, welches sich im Rücken steif macht, kann sich jedoch nur schlecht biegen. Anfangs ist es schwierig, das verspannte Pferd überhaupt zu biegen (Hilfengebung: S. 85 bis 100 / Wendungen und Seitwärtstreten), und der Reiter muß sich mit kurzen gebogenen Abschnitten zufriedengeben. Der innere, stellende Zügel wird, wie immer beim Westernreiten, sofort losgelassen, wenn das Pferd Anstalten macht, sich in Hals und Rippen zu biegen – und wieder kurz angenommen, wenn es sich in der Wendung gerade stellen will. Es gibt auch Pferde, die sich besonders in einer bestimmten Gangart verspannen und in

einer anderen recht locker gehen. Pferde, die sich im Galopp oder im Schritt verspannen, trabt man so lange, bis sie im Trab völlig locker sind, und versucht es dann erst mit den anderen Gangarten – wobei häufiger Gangartenwechsel auch Hilfe bringt. Pferde, die sich im Trab verspannen, galoppiert man nach ein paar Runden Schrittarbeit ab und trabt sie erst später.

Natürlich muß man die besonderen Eigenarten und Schwierigkeiten des Pferdes erkennen oder erfahrene Reiter dazu befragen, um richtig darauf reagieren zu können. Eine gute Beobachtungsgabe, anatomische Grundkenntnisse und logisches Denken sind bei der Arbeit mit Pferden sehr nützlich.

Leichter Sitz im Trab und das Kneifen in den Halsmuskel (siehe Seite 131 / Arbeitserleichterung), um das Pferd ohne Zügeleinwirkung zum Senken des Kopfes zu veranlassen, nehmen dem Pferd die Angst vor dem Reitergewicht im Rücken und vor evtl. zu harter Einwirkung im Maul. Das Longieren über kleine Sprünge von 40–50 cm Höhe ohne Reiter kann viel zur Entspannung beitragen – vor allem bei nervösen Pferden, die sich nicht aufgrund körperlicher Mängel verspannen, sondern aufgrund nervöser Energie. Diese Tips sollen dem unerfahrenen Reiter helfen, sein Pferd mit Geduld und Nachdenken zu lösen. Einfaches Geradeausreiten im Schritt und im leichten Sitz im Trab und warten, ob sich das Pferd vielleicht von allein entspannt, ist manchmal bei älteren Pferden nützlich, die sich erst warmlaufen müssen. Junge Pferde hingegen muß man sinnvoll beschäftigen und sie bei auftretenden Widerständen möglichst gewaltlos austricksen.

Tempowechsel / Gangarten-
wechsel und Stops

Beginnen wir mit der Ausführung von einfachen Übungen: den Gangarten-wechseln (in der klassisch-englischen Terminologie: die Parade) vom Schritt zum Halten, vom Trab zum Schritt und vom Galopp zum Trab – also jeweils in die nächstniedrige Gangart. Diese Übungen fallen dem Pferd relativ leicht, und es wird dementsprechend willig darauf reagieren. Das Pferd ist von der Arbeit an der Hand und an der Longe mit den gängigen verbalen Kommandos vertraut; der Reiter sollte dementsprechend von Anfang an versuchen, ohne stärkere Zügelhilfen auszukommen.

Ein gelassenes Pferd

Wechsel vom Schritt zum Halten (Stop aus dem Schritt)

Der Reiter nimmt sein Gewicht leicht zurück, gibt das verbale Kommando »Ho« oder »Halt« (hat er sich einmal für ein bestimmtes Wort entschieden, so muß er dies natürlich beibehalten) und hebt die Hände leicht an – ohne vorerst Druck auf das Maul auszuüben. Bleibt das Pferd auf diese Hilfen hin nicht stehen oder schlurft Schrittchen für Schrittchen weiter, so nimmt der Reiter die Zügel kurz an – nur kurz, weil er bei längerem »Ziehen« dem Pferd Gelegenheit geben würde, sich auf den Zügel zu legen (sich also in der Reiterhand abzustützen). Legt sich das Pferd auf den Zügel, so ist es zu Ende mit dem geforderten losen Zügel und somit auch mit der Minimalhilfengebung: Das Pferd versucht sich in diesem Fall davor zu drücken, seine Hinterhand unterzusetzen und fängt den Vorwärtsschub der Bewegung statt durch – anstrengendes – Untersetzen der Hinterhand dadurch ab, daß es verstärkte Anlehnung in der Reiterhand sucht. Dies muß der Reiter sofort und konsequent bei solchen einfachen Übungen unterbinden. Merkt er, daß sich das Pferd vorne schwer macht und der Zügel nicht mehr lose ist, sondern fest ansteht, so gibt er sofort nach, um gleich danach den Zügel verstärkt wieder anzunehmen. Dies wiederholt er solange, bis das Pferd in gewünschter Weise reagiert und anhält, ohne sich vorne schwer im Zügel abzustützen.

Viele Western-Reiter vermeiden auch bei der beidhändigen Zügelführung, wann immer möglich, beide Zügel gleichzeitig anzunehmen. Sie benutzen in der Bahn hauptsächlich den äußeren Zügel, um die Signale zum Anhalten oder Tempoverlangsamen zu geben. Das hat den Sinn, daß sich das Pferd nicht so gut auf den Zügel legen kann, weil der innere Zügel ihm keinen Halt gibt. Die äußere Reitbahnbegrenzung sowie Schenkeldruck innen am Gurt verhindern, daß das Pferd bei einseitigem Annehmen nach außen ausweicht. Vor allem muß man darauf achten, daß die Zupfer am äußeren Zügel wirklich nur Sekundenbruchteile dauern und daß die Zügelhand dabei natürlich nicht seitlich herausgeführt wird (sondern Richtung Oberkörper zurückgenommen wird), damit das Pferd diese verlangsamende Hilfe nicht mit der Hilfe zum Abwenden verwechselt. Es kann auch hin und wieder der innere Zügel statt des äußeren angenommen werden, z. B. zu Korrekturzwecken, wenn sich das Pferd auf den äußeren Zügel legt. Es ist prinzipiell reine Gefühlssache des Reiters, wann er welchen Zügel – oder beide Zügel – für richtig hält. Das Gefühl für adäquate Zügelhilfen stellt sich mit zunehmender Erfahrung ein.

Auch in der englischen Reitweise werden Paraden vorzugsweise am äußeren Zügel gegeben; am inneren Zügel wird nachgegeben, so daß sich das Pferd bei der Parade nicht auf die Hand (auf den Zügel) legen kann. Bei einhändiger Zügelführung entfällt natürlich die Möglichkeit, rechte und linke Zügeleinwir-

kung zu trennen. Gerade bei Pferden, die dazu neigen, sich schwer auf die Hand zu legen, ist es wichtig, den Zügel immer wieder loszulassen, und zwar möglichst in einem Moment, in dem sich das Pferd gerade besonders schwer im Zügel abstützt (Überraschungsmoment). Fehlt plötzlich diese Stütze im Zügel (auch als »fünftes Bein« bezeichnet), so muß das Pferd um sein Gleichgewicht kämpfen, um nicht nach vorn überzufallen. Es muß also seinen Schwerpunkt zurückverlegen, indem es den Hals höher nimmt und die Hinterbeine untersetzt – es korrigiert sich also bis zu einem gewissen Grad selbst (dies gilt allerdings sehr viel stärker in den schnelleren Gangarten Trab und Galopp). Dieses Loslassen in einem für das Pferd überraschenden Moment wird mehrmals hintereinander wiederholt, bis das Pferd »richtig« reagiert, ohne sich auf die Hand zu legen.

Auf jeden Fall muß der Reiter vermeiden, sich auf ein Wettziehen mit dem Pferd einzulassen – das Pferd ist mit Sicherheit stärker.

Wechsel vom Trab zum Schritt

Diese Parade unterscheidet sich kaum von derjenigen vom Schritt zum Halten. Zusätzlich hat jedoch der Reiter im Trab mehr als im Schritt die Möglichkeit, das Zurücknehmen seines Gewichtes durch ein Feststellen seiner eigenen Rückenmuskulatur (Kreuz anspannen) zu verstärken und damit die Rückenbewegung des Pferdes zu behindern. Damit er beim Anspannen seiner Rückenmuskeln nicht aus dem Sattel kommt (sich praktisch selbst heraushebelt), muß er seine Knie in diesem Moment stärker ans Pferd andrücken (Kniedruck). Das Andrücken der Unterschenkel, wie es in der englischen Reitweise zusätzlich zum Kreuzanspannen erfolgt, um die Hinterhand des Pferdes zum Untertreten zu animieren, entfällt im Zuge der Minimalhilfengebung häufig. Kreuzanspannen und Kniedruck können länger andauern als Zügel- und Schenkelhilfen.

Reagiert ein Pferd überhaupt nicht, so läßt man es lieber einmal frontal gegen die Reitbahnumzäunung laufen, statt sich am Zügel festzuziehen. Damit verschafft man sich Respekt, ohne es im Maul durch laufendes Gezerre abzustumpfen. Manchmal hilft es schon, das Pferd leicht gegen die Bande nach außen zu stellen. Es sieht die Umzäunung, wird sie als begrenzend empfinden und langsamer werden bzw. in den Schritt fallen.

Wechsel vom Galopp zum Trab

Auch hier sind es die schon bekannten Hilfen: Stimme, Anheben der Hand und Zurücknehmen des Gewichtes, als Verstärkung das Zupfen an einem oder beiden Zügeln sowie Kreuzanspannen und Kniedruck – alles mit Tendenz zur Minimierung, besonders der Zügelhilfen. Wie im Trab kann man das Pferd, wenn es schlecht reagiert, zur Bande stellen – oder auch einmal sehr tief in eine Ecke reiten, fast so, als wolle man das Pferd gegen die Umzäunung in der Ecke laufen lassen. Es wird von allein

verlangsamen oder sogar schon in den Trab fallen. Rennt ein Pferd im Galopp und will die Hilfen zum Trab gar nicht annehmen, so kann der Reiter entweder auf den Zirkel abwenden und diesen immer weiter verkleinern, bis das Pferd aufgrund des zu engen Radius nicht mehr galoppieren kann, oder er läßt es wirklich einmal frontal gegen den Zaun laufen, wobei er natürlich aufpassen muß, sich rechtzeitig fest hinzusetzen, damit er bei dem abrupten – in diesem Fall auch meist stockenden – Anhalten nicht herunterfällt. Nach einer solchen Korrektur wird das Pferd den Hilfen des Reiters mehr Aufmerksamkeit entgegenbringen. Viele Pferde fallen bei ungenügender Einwirkung des Reiters (Kreuz anspannen und Kniedruck, um die Hinterhand zu aktivieren) aus dem Galopp in einen zu schnellen, verspannten Trab, den der Reiter nicht sitzen kann. In diesen Fällen ist es sinnvoll, wenn der Reiter sofort, nachdem das Pferd sich im Trab befindet, in den leichten Sitz geht und im leichten Sitz das Tempo verlangsamt, um das Pferd nicht zusätzlich noch im Rücken zu stören. Dies Verfahren ist zwar nur eine »Eselsbrücke«, dient aber kurzfristig Rei-

Artgerechte Haltung

ter und Pferd – solange, bis der Reiter gelernt hat, besser auf das Pferd einzuwirken.

Der Wechsel vom Galopp in den Trab wird auch für den einfachen Galoppwechsel gebraucht:

Fliegender Galoppwechsel am losen Zügel

Einfacher Galopp-wechsel

Will der Reiter im Galopp die Hand wechseln, so muß er auch den Galopp wechseln. Der Westernreiter tut dies über einige Trabtritte (in der englischen Reitweise wird der einfache Galoppwechsel über den Schritt ausgeführt). Will er aus dem Zirkel wechseln (Figur 8), so gibt er im Mittelpunkt der Figur 8 die Hilfen zum Trab und galoppiert nach zwei bis drei Trabtritten wieder an. War er vorher auf der rechten Hand im Rechtsgalopp, galoppiert er links wieder an. Befand er sich im Linksgalopp auf der linken Hand, galoppiert er nach den Trabtritten rechts wieder an.

Neben dem einfachen Wechsel gibt es den sogenannten Fliegenden Galoppwechsel, der in dieser Einführung jedoch nur kurz beschrieben werden soll. Das Pferd wechselt dabei in der Schwebephase zwischen zwei Galoppsprüngen den Galopp, ohne seinen Galopprhythmus zu unterbrechen. Der Reiter sitzt kurz vor der Schwebephase um und stellt das Pferd um. Er befindet sich z. B. im Rechtsgalopp auf dem Zirkel und bedient sich der beschriebenen diagonalen Hilfengebung (sitzt also im Rechtsgalopp leicht nach links). Im Mittelpunkt der Figur 8 sitzt er um nach

rechts, treibt kurz mit dem rechten Schenkel und stellt das Pferd etwas nach rechts – die linke Schulter des Pferdes wird frei, das Pferd wird normalerweise nach links umspringen. Nun gibt es eine Menge abgewandelter Methoden, fliegende Wechsel zu reiten und sie dem Pferd beizubringen, was jedoch den Rahmen dieses Buches sprengen würde und für den Anfänger im Westernreiten erst einmal nicht relevant ist.

Schwieriger wird es nun, wenn es sich um Gangartenwechsel über zwei Gangarten hinweg handelt, also vom Trab zum Halten und vom Galopp zum Schritt.

Wechsel vom Trab zum Halten
(Stop aus dem Trab)

Die Hilfen sind grundsätzlich die gleichen wie vom Schritt zum Halten, nur natürlich etwas intensiver. Der Reiter kann sich jedoch zusätzlicher Signale bedienen, die für alle Stops, egal aus welcher Gangart und aus welchem Tempo, gelten. Er kann zum einen die

Unterschenkel zusätzlich kurz ans Pferd drücken, um die Hinterhand zum Untertreten zu aktivieren, und kann weiterhin die angehobenen Hände in dem Moment, in dem das Pferd stehen soll, wieder herunterdrücken und dabei kurz die Zügel annehmen. Aus dem Trab muß der Reiter – anders als aus dem Galopp – noch nicht darauf achten, zu welchem Zeitpunkt er die Hilfen zum Stop gibt.

Bei Pferden mit empfindlichen Rücken kann es nötig sein, daß der Reiter bei einem Stop das Gewicht nach vorne statt nach hinten verlegt, um dem Pferd das Untersetzen der Hinterhand, bei dem es gleichzeitig den Rücken aufwölben muß, zu erleichtern (alle anderen Hilfen sind wie vorher beschrieben). In der kalifornischen Methode des Westernpferdetrainings wird dies so gehandhabt.

Wechsel vom Galopp zum Schritt

Die Hilfen sind ähnlich wie aus dem Trab zum Schritt. Durch das verbale Kommando »Walk« oder »Schritt« weiß das Pferd, daß nicht der Trab, sondern der Schritt verlangt ist. Ein leichtes Verstärken von Gewichtsverlagerung und Kniedruck im Bezug auf die Hilfen vom Galopp zum Trab sollten ansonsten genügen.

Das schwierigste in dieser Reihe von Gangartenwechseln ist natürlich der Stop aus dem Galopp, der in seiner Perfektion im sogenannten Sliding Stop gipfelt. Wenn der Westernreiter von einem Stop spricht, meint er im allgemeinen einen Stop aus dem Galopp.

Stop und Sliding Stop

Der Stop wird trainiert, wenn das Pferd das Anhalten aus dem Trab sicher beherrscht und die Hinterhand weit untersetzt. Der Reiter beginnt, indem er ein Anhalten aus sehr langsamem Galopp fordert – wobei natürlich wieder minimale Hilfen gefragt sind –, und wenn das Pferd dies sicher und ohne deutliche Zügeleinwirkung ausführt, auch aus dem schnelleren Galopp. Dabei soll das Pferd seinen gesamten Schwung aus der schnellen Vorwärtsbewegung durch Rutschen auf der Hinterhand abfangen. Die Vorhand trippelt bei langen Stops idealerweise mit. Der Reiter muß darauf achten, nicht mit dem Oberkörper nach rechts oder links zu kippen und beide Zügel gleichmäßig anzunehmen, da andernfalls das Pferd aus dem Gleichgewicht kommt und schief stoppt. Um die Hinterhand zu aktivieren, kann er mit beiden Unterschenkeln gleichzeitig und gleichstark Druck ausüben. Viele Reiter begnügen sich auch damit, mehr Druck in die Bügel zu bringen (und damit auch mehr Druck in den hinteren Bereich des Sattels). Sie strecken dabei die Beine vor.

Wie im Kapitel über den Stop aus dem Trab schon erwähnt, kann der Oberkörper des Reiters, um den Rücken des Pferdes zu entlasten, auch aus der Hüfte heraus nach vorn abknicken (kalifornischer Stop). Ob das Gewicht nach vorn oder nach hinten verlegt wird, ist abhängig vom persönlichen Stil des Reiters und von den Problemen und Eigenarten des jeweiligen Pferdes. Zwar widerspricht der Stop mit vorgeneigtem Oberkörper des Reiters prinzipiell der

Trainingsstop aus dem langsamen Galopp

Ein Sliding Stop von hinten

Gleichgewichtstheorie. Das Pferd kann jedoch durchaus lernen, auch auf vorgeneigten Oberkörper zu stoppen – vor allem, wenn es alle anderen Hilfen (Stimme, Schenkeldruck, Anheben der Hand etc.) kennt. Die Reaktion auf die kalifornische Hilfe zum Stop ist dann eben eine eher angelernte statt eine eher natürliche Reaktion des Pferdes. Bei vielen schnellen Wendungen widerspricht die Hilfengebung des Reiters mit leichter Gewichtsverlagerung nach außen übrigens auch der Gleichgewichtstheorie, ist jedoch sehr viel effektiver.

Bei der Hilfengebung für den Stop – egal aus welchem Tempo im Galopp – ist es wichtig, daß der Reiter die Hilfen genau in dem Moment gibt, in dem das Pferd mit dem letzten Bein (inneres Vorderbein) vor der Schwebephase abfußt. In der Schwebephase kann es dann schon seine Hinterbeine vermehrt unter den Schwerpunkt schieben, um seinen Schwung abzufangen (Timing). Wichtig ist auch, die Hilfen nicht in einem Moment zu geben, in dem das Pferd aus irgendwelchen Gründen angespannt

ist. Es muß vor einem Stop locker und ausbalanciert galoppieren. Man sagt auch, es solle in einer Bergaufbewegung galoppieren. Das bedeutet für den langsamen Galopp, daß es seinen Schwerpunkt weit nach hinten verlegt hat und gut untertritt (vergleichbar dem in der englischen Reitweise im Galopp leicht versammelten Pferd). Für den schnellen Galopp bedeutet es hingegen, daß es, bis die Hilfen zum Stop gegeben werden, beschleunigen soll und dadurch die Hinterbeine gut unterschiebt. Das exakte Timing der Hilfengebung aus dem langsamen Galopp ist schon schwierig; aus dem schnellen Galopp ist es jedoch extrem schwierig, zumal auch noch jedes Pferd aus einem anderen Tempo gut stoppt. Um dieses Tempo zu ermitteln, braucht der Reiter Gefühl und Erfahrung, denn jede Überforderung macht das Pferd »sauer«. Auch die Bodenverhältnisse spielen für den Sliding Stop eine entscheidende Rolle. In tiefem, zähem Boden sollte der Reiter nicht aus forciertem Tempo stoppen. Das Pferd bleibt dabei regelrecht stecken und tut sich weh.

83

Der Stop aus dem langsamen Galopp kann im Rahmen der Grundausbildung von Pferd und Reiter trainiert werden. Das Training für den eigentlichen Sliding Stop sowie auch für einige weitere schwierige Reining-Lektionen soll jedoch in diesem Band nicht behandelt werden – es würde den Rahmen einer Einführung ins Westernreiten sprengen.

Die eben beschriebenen Übungen Gangartenwechsel und Stop sind grundsätzlich aus zwei verschiedenen Gründen sinnvoll und notwendig. Der erste Grund liegt auch für den Laien auf der Hand: Ein Pferd, welches auf minimale Hilfen aus jeder Gangart anzuhalten ist, ist einfach sicherer für den Reiter. Zweitens gymnastiziert die korrekte Ausführung von Gangartenwechseln und Tempounterschieden das Pferd. Dies bedeutet für den Reiter ein angenehmeres und weicheres Sitzen und für das Pferd selbst einen Schutz vor Überlastung von Sehnen und Gelenken der Vorderbeine, die bei fehlender Gymnastizierung das Hauptgewicht des Reiters und den Hauptschwung aushalten müßten.

Schwerer noch als die Gangartenwechsel sind die Tempowechsel innerhalb der Gangarten Trab und Galopp. Sie fördern besonders stark Gymnastizierung und Gehorsam des Pferdes.

Tempowechsel / Speed Control

In der englischen Reitweise kennt man sie unter dem Namen Galopp- bzw. Trabreprisen. Als verbales Kommando sollte der Reiter ein völlig verschieden von »Schritt«, »Trab«, »Galopp« und »Ho«, etc. klingendes Wort verwenden, z. B. »Langsam« oder »Easy«. Gewichts- und Zügelhilfen sind ähnlich wie bei den Gangartenwechseln. Zusätzlich muß jedoch der Reiter die Intensität seiner Hilfen so dosieren, daß das Pferd nicht in die nächstniedrige Gangart ausfällt, aber trotzdem das Tempo deutlich verlangsamt. Diese »Speed Control« ist besonders im Galopp sehr schwer. Auch sie ist Bestandteil einer Reining. Will der Reiter mehr Tempo, so zeigt er dies dem Pferd durch Vorneigen des Oberkörpers und einen verbalen Befehl (unter Umständen leises Zungenschnalzen). Anfangs kann er mit beiden Unterschenkeln Druck geben, später sollte jedoch das Pferd nur noch mittels Gewichtsverlagerung sowie Kreuzanspannen und Kniedruck (für die Verlangsamung) und leiser Stimme zu kontrollieren sein. Die Speed Control-Übungen werden anfangs am besten auf einem großen Zirkel geritten. Auf langen Geraden kann das Pferd sich den Hilfen zum Langsamerwerden sehr viel besser entziehen als auf dem Zirkel. Die Kontrolle des Pferdes mit äußerem Zügel und äußerem Schenkel muß jedoch dafür schon sicher gewährleistet sein (siehe Kapitel »Wendungen« ab Seite 85). Neben den Gangarten- und Tempowechseln sind es die Wendungen, die das Pferd zusätzlich gymnastizieren:

Wie man korrekte Wendungen am losen Zügel reitet –
und wozu das Reiten auf gebogenen Linien gut ist

Wendungen mit beidhändiger Zügelführung

Wie schon kurz im Kapitel über die Hilfengebung erwähnt, ist es für das Pferd eine weitgehend natürliche Reaktion, dem Druck des Gebisses auf einer Maulseite in Richtung des Druckes zu folgen, also erst einmal Kopf und Hals in die entsprechende Richtung zu bewegen. Weiterhin gehört es zu den natürlichen Verhaltensweisen des Pferdes, in die Richtung zu laufen, in die es schaut – es wird also meistens mit dem Körper der Drehung des Halses folgen. Die Beschreibung der nun folgenden Hilfen bezieht sich erst einmal auf die Verwendung der Zäumungen Trense (Snaffle Bit) und Bosal. Will der Westernreiter nach rechts abwenden, so nimmt er den rechten Zügel kurz an, so daß sich das Pferd mit Kopf und Hals nach rechts stellt, läßt den Zügel aber danach sofort wieder lose hängen. Die innere (rechte) Hand führt der Reiter dabei anfangs weit heraus – um dem Pferd deutlich den Weg in die Wendung zu zeigen.

Zusätzlich zu dieser »direkten« Zügelhilfe gibt er aber noch eine »indirekte« Hilfe mit dem äußeren (also linken) Zügel. Diesen legt er nämlich am Hals des Pferdes an, indem er die äußere (linke) Hand etwas über den Mähnenkamm nach rechts herüberführt. Dabei übt er jedoch keinerlei Druck auf die linke Seite des Maules aus. Der Zügel muß also so lang sein, daß er trotz der Bewegung der äußeren Hand nach innen nicht ansteht. Bei jungen Pferden wer-

Rechtswendung im Trab auf Trense
Der Reiter führt die rechte Hand weit heraus und legt den linken Zügel an den Hals an.

den diese Zügelhilfen überdeutlich gegeben, so daß der Reiter manchmal aussieht als lenke er ein Fahrrad. Die Hände stehen dabei weit auseinander. Später reicht ein leichtes waagrechtes Versetzen beider Hände nach rechts oder links mit näher beieinander stehenden Händen. Beide Hände sollten dabei in gleicher Höhe gehalten werden.

Gibt das Pferd nach Loslassen des inneren Zügels die gewünschte Stellung in Hals und Kopf wieder auf, so wiederholt der Reiter die Hilfe – und gibt wieder sofort nach, wenn das Pferd reagiert hat. Dies wiederholt er solange, bis das Pferd auch am losen Zügel in der gewünschten Stellung bleibt. Der äußere Zügel (Druckzügel) bleibt dabei ständig in seiner angelegten Position (er kann ab und zu am Hals des Pferdes nach vorne oder hinten bewegt werden, um das Pferd auf diesen Zügel zu sensibilisieren). Dieser angelegte äußere Zügel wird bei der im Verlauf der Westernausbildung angestrebten einhändigen Zügelführung auf Kandare später die stellende Wirkung des inneren, angenommenen Zügels in einer Wendung völlig ersetzen. Das Pferd wird sich dann auf das Anlegen des äußeren Zügels nach innen stellen, weil es ihm im Verlauf seiner Ausbildung antrainiert wurde, den angelegten Druckzügel genauso untrennbar mit dem Befehl zum Abwenden, Stellen und Biegen zu verbinden, wie den angenommenen inneren Zügel (angelernte Hilfe). Übrigens: In der englischen Reitweise ist diese Art der Zügelhilfen über den Mähnenkamm herüber nicht üblich – dort sollen die Hände sich nicht über den Mähnenkamm hinweg bewegen.

Gleichzeitig mit den Zügelhilfen verlegt der Reiter seinen eigenen Schwerpunkt nach rechts, so daß das Pferd, um seine Balance zu erhalten, mit seinem Körper nach rechts folgt, nach links entsprechend umgekehrt. Der Reiter tritt dabei den inneren Bügel stärker aus. Aber aufpassen: beim Verlegen des Gewichtes nicht in der Hüfte einknicken – das hätte genau den gegenteiligen Effekt, nämlich eine Belastung der entgegengesetzten Seite. Der Reiter hängt beim Einknicken in der Hüfte zwar seinen Oberkörper nach rechts, sitzt aber dabei vermehrt auf seinem linken Gesäßknochen, belastet also auch links mehr, wenn er in der rechten Hüfte einknickt (bei manchen speziellen Übungen ist dieses Einknicken jedoch zulässig und sinnvoll).

Reagiert das Pferd auf diese beiden Hilfen noch nicht, so kann der Reiter bei einer Wendung nach rechts mit Druck des linken (äußeren) Schenkels nachhelfen, bei einer Linkswendung durch Schenkeldruck rechts. Das Pferd weicht dem Schenkeldruck (den es normalerweise als leicht unangenehm empfindet) nach der entgegengesetzten Seite aus. Der Schenkel wird leicht zurückgenommen, wenn das Pferd mit der Hinterhand nach außen drängelt. Kurzer Druck des inneren (hier rechten) Schenkels verhindert, wenn nötig, daß das Pferd steif, d. h. ungebogen, in die Wendung hineinfällt. Die beschriebenen Hilfen gelten für Wendungen in jeder Gangart.

Auch Wendungen wirken – korrekt ausgeführt – gymnastizierend auf das Pferd. Je enger eine Wendung ist, desto mehr muß sich das Pferd im Hals und in den Rippen biegen, um mitsamt seinem

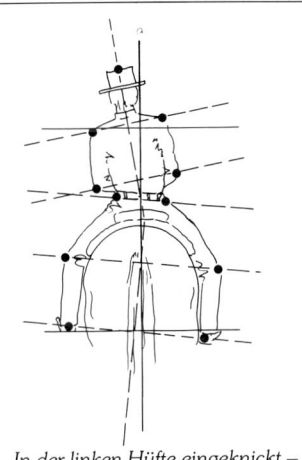

A   In der linken Hüfte eingeknickt –
Das Gewicht kommt nach rechts, der
Oberkörper nach links

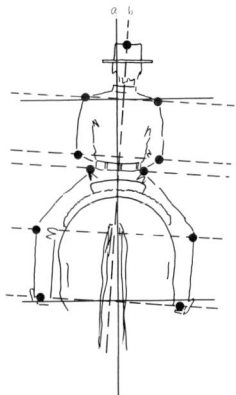

B   Reiter sitzt nach rechts

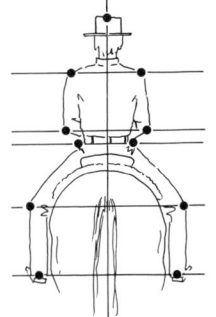

C   Reiter sitzt gerade

Reiter im Gleichgewicht zu bleiben. Außerdem muß es in jeder Wendung mit seinem inneren Hinterbein vermehrt untertreten. Damit wird die Muskulatur der Hinterhand gekräftigt. Das ist wichtig, denn die stabilere Hinterhand soll ja vermehrt das Reitergewicht tragen. Ein grober Fehler in jeder Wendung ist es, – wie auch in der englischen Reitweise – wenn das Pferd mit seinen Hinterbeinen nicht in die Spur seiner Vorderbeine tritt, sondern sie nach außen herausstellt. Es drückt sich dann vor dem vermehrten Untertreten mit dem inneren Hinterbein und der anfangs unangenehmen Biegung in den Rippen – wie sich auch ein steifer Mensch bei der Gymnastik anfangs vor unangenehmen Dehnübungen drückt. Der Reiter merkt es daran, daß ihn sein Pferd »nach außen setzt«. Er rutscht, ohne es zu wollen, immer wieder mit seinem eigenen Gewicht nach außen und muß dementsprechend laufend seinen eigenen Sitz korrigieren und sein Gewicht wieder nach innen nehmen.

Besonders im Galopp kann der Reiter dieses »Nach-außen-setzen« bei einem steifen Pferd deutlich fühlen. Mit Druck des äußeren Schenkels hinter dem Gurt kann der Reiter die Hinterhand in die Spur der Vorhand treiben. Will das Pferd dabei auch mit der Vorhand nach innen ausweichen und drückt die innere Schulter in die Wendung hinein, so wird der äußere Zügel etwas angenommen. Der innere, am Gurt liegende Schenkel treibt die Vorhand nach außen (gegen den äußeren Zügel). Die innere Hand wird dabei hochgenommen und unter Umständen über den Mähnenkamm leicht nach außen gedrückt. Dadurch wird die innere Schulter lockerer (Das

Pferd folgt durch Anheben des Halses der angehobenen Hand).

Angenommene Zügel und Schenkeldruck sind jeweils als Korrekturmaßnahmen gedacht und sollen nicht mehr bzw. nur noch ansatzweise gebraucht werden, wenn sich das Pferd in der Wendung gut biegt.

Bei Wendungen – wie auch bei Gangartenwechseln – muß der Reiter bei einem jungen oder steifen Pferd mit sehr einfachen Übungen beginnen, um es nicht zu überfordern (und damit unwillig zu machen). Dies sind erst große, später kleinere Zirkel im Schritt, dann große Zirkel im Trab, deren Durchmesser langsam verkleinert wird und schließlich große und dann kleinere Zirkel im Galopp. Mit Wendungen in der nächsthöheren Gangart sollte erst begonnen werden, wenn sie in der niedrigeren Gangart ohne Widersetzlichkeiten des Pferdes funktionieren.

Nun ist es gerade beim Abwenden recht häufig so, daß ein Pferd – besonders unter einem Reitanfänger – völlig andere Ansichten von der Richtung hat, in die es laufen möchte, als sein Reiter. Unter der Vorgabe des losen Zügels ist nun guter Rat teuer. Setzen wir einmal voraus, daß der Reiter nichts von dem Pferd verlangt, was es aufgrund seines Ausbildungsstandes noch nicht kann (eine enge Wendung im Galopp kann es z. B. nur ausführen, wenn es schon sehr weit durchgymnastiziert und mitsamt dem Reitergewicht vollständig ausbalanciert ist – und natürlich nur, wenn der Reiter die richtigen Hilfen gibt). Schließen wir »Nichtkönnen« als Ursache für den Ungehorsam des Pferdes aus, so bleiben nur noch »Nichtwollen« seitens des Pferdes oder undeutli-

che Hilfen seitens des Reiters übrig. Für den Reitanfänger ist es allerdings schwierig zu entscheiden, ob er etwas falsch macht oder ob das Pferd beschlossen hat, seine – richtige – Hilfe vorerst zu ignorieren und es auf eine kleine Machtprobe ankommen zu lassen (dieses Austesten der Rangfolge – siehe auch Seiten 54 bis 57 – ist gar nicht so selten). In solchen Fällen kann er auf frühere Erfahrungen zurückgreifen und sich überlegen, ob er schon öfter die gleiche Leistung von dem Pferd verlangt hat – und es in gewünschter Weise reagierte, oder ob er diese Übung zum erstenmal macht. Im ersten Fall kann er auf Ungehorsam seitens des Pferdes schließen, im zweiten eher auf falsche Hilfengebung seinerseits. Soviel am Rande zur Beurteilung einer Situation ...

Wie kann man nun sein Pferd in Wendungen korrigieren, ohne sich allzu weit von der Prämisse des losen Zügels zu entfernen, also ständig am Zügel zu hängen? Ziel der Übung ist, das Pferd dazu zu veranlassen, schon auf einmaliges Zupfen am inneren Zügel (plus Anlegen des Druckzügels) samt der zugehörigen Gewichtsverlagerung abzuwenden und solange in der einmal eingenommenen Stellung und Biegung zu bleiben, bis der Reiter ein gegenteiliges Kommando gibt. Dabei gilt: je stärker die Gewichtsverlagerung und je weiter die Hände nach innen versetzt werden, desto enger die Wendung.

Widersetzt sich das Pferd und will geradeaus weiterlaufen, so »zieht« der Reiter nicht etwa vermehrt am inneren Zügel. Das würde überhaupt nichts nützen. Das Pferd würde unter Umständen zwar vermehrt im Hals abknicken, könnte

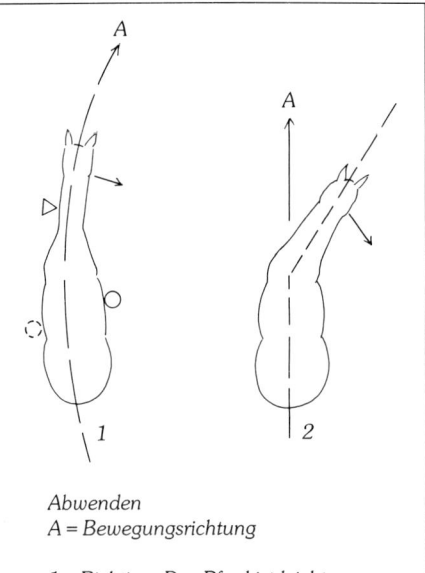

Abwenden
A = Bewegungsrichtung

1 Richtig – Das Pferd ist leicht gebogen.

2 Falsch – Das Pferd ist im Hals zu
stark gebogen. Der äußere Zügel sowie
der korrigierende Schenkeldruck fehlt.
Das Pferd läuft über die Schulter weg.

deutet: kurzer verstärkter Druck und wieder loslassen – erneuter Druck und wieder loslassen etc., solange, bis das Pferd auf der gebogenen Linie bleibt, ohne nach außen zu drängeln. Eine Verstärkung des Schenkeldruckes kann auch durch einen Klaps außen mit der Gerte erfolgen.

Gleichzeitig nimmt der Reiter die innere Hand etwas höher. Das Pferd wird dadurch in der Schulter »leicht«. Es hebt den Hals an, belastet somit die innere Schulter nicht so stark und kann sich nicht auf den inneren Zügel legen. Ein starkes Belasten des inneren Vorderbeines und somit der inneren Schulter ist immer auch ein Fehler, der ein Herausdrängeln aus der Kreislinie mit der Hinterhand zur Folge hat. Mit der höheren inneren Hand übt der Reiter kurz vermehrten Druck auf das Maul aus, läßt aber auch hier sofort wieder los, um erneut anzunehmen und wieder nachzugeben – solange, bis das Pferd in der gewünschten Haltung bleibt.

Wann der Zügel außen und wann er innen verstärkt eingesetzt werden muß, muß der Reiter erfühlen. Mit entsprechender Erfahrung und Übung wird sich das Gefühl dafür einstellen. Der Reiter sollte versuchen, eine Absicht des Pferdes schon im Ansatz zu spüren und ihm möglichst mit der Korrektur schon zuvorzukommen. Dieses Vorausahnen und »Schneller-als-das-Pferd-reagieren« ist ein wesentlicher Bestandteil wirklich effektiver Hilfengebung. Es ist jedoch nur durch gutes Beobachten des Pferdes und nach der Ausbildung des entsprechenden Gespürs beim Reiter möglich. *Der Reiter darf sich auch in Wendungen nie festziehen,* also dauernden, starken Druck auf das Maul des

jedoch ohne weiteres – auch mit rechtwinklig abgestelltem Hals – geradeaus laufen. Man nennt dies »über die äußere Schulter weglaufen«. Um das zu verhindern, muß der Reiter eben diese äußere Schulter unter Kontrolle bekommen. Die Kontrolle über die äußere Schulter bekommt er, indem er mit dem äußeren Zügel verhindert, daß sich das Pferd allzu stark im Hals nach innen stellt. Im Korrekturfall legt er also den äußeren Zügel nicht nur am Hals an, sondern übt damit auch Druck auf das Maul aus. Dadurch, daß er den Hals etwas gerader stellt, begrenzt er die Beweglichkeit der Schulter. Zusätzlich wird der äußere Schenkel vermehrt hinter dem Gurt eingesetzt. Vermehrt be-

Pferdes ausüben – gerade bei Widersetzlichkeiten nicht. Denn damit würde er dem Pferd die Möglichkeit geben, sich in der Hand des Reiters abzustützen und den Druck zu ignorieren. Einen ständig zunehmenden Druck wird das Pferd eher ignorieren als ein wiederholtes, unter Umständen auch härteres Zupfen am Zügel. Die stärkere Wirkung eines Impulses, der in Intervallen wiederholt wird, kann der Reiter an sich selbst ausprobieren:

Er drücke einfach mit dem Finger an eine beliebige Stelle seines Armes und verstärke den Druck langsam. Nach einiger Zeit wird er trotz der Verstärkung den Druck kaum noch bemerken. Nimmt er den Finger jedoch wieder weg und klopft damit mehrmals kurz hintereinander auf die gleiche Stelle, so wird die Empfindlichkeit dieser Stelle größer. Genauso empfindet auch das Pferd eine Verstärkung des Druckes im Maul als weniger unangenehm als ein mehrmaliges kurzes Annehmen.

Wichtig bei allen Arten von Korrektur des Pferdes in Wendungen ist, daß sofort bei gewünschter Reaktion des Pferdes der Zügel wieder losgelassen wird. Der lose Zügel signalisiert dem Pferd: Alles in Ordnung – der Reiter ist zufrieden. Es soll den losen Zügel als Belohnung empfinden. Man kann zusammenfassen: Das Pferd wird einfach solange immer wieder korrigiert, bis es von allein in der gewünschten Stellung und Biegung bleibt, weil es in dieser Haltung zufriedengelassen, d. h. nicht korrigiert wird. Es muß jedoch zur Belohnung wirklich völlig in Ruhe gelassen werden. Der Reiter stellt bei richtiger Reaktion sofort jede Einwirkung mittels Zügel und Schenkel ein und bleibt passiv –

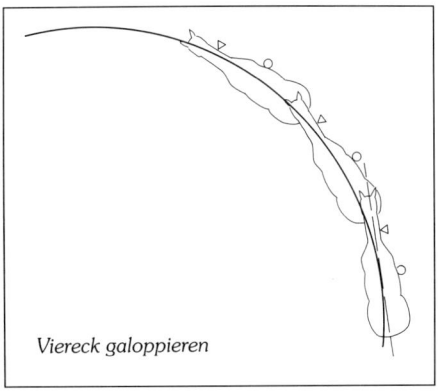

Viereck galoppieren

jedoch mit leichter Gewichtsverlagerung in die Wendung hinein – sitzen. Nur diese Gewichtsverlagerung und der außen angelegte Druckzügel halten das Pferd dann in der Wendung und signalisieren, daß es auch weiterhin in der Wendung bleiben soll.

Bei sehr schnellen Zirkeln, wie sie bei Speed-Control-Übungen geritten werden, ist es – wieder im Gegensatz zur gängigen und in den meisten Bereichen geltenden Gleichgewichtstheorie – sinnvoll, wenn der Reiter sein Gewicht leicht nach außen verlegt statt nach innen, um erstens einem Abdrängen der Hinterhand entgegenzuwirken und zweitens die innere Schulter des Pferdes zu entlasten (siehe auch HHW, Spin, Zirkelarbeit, Seiten 91, 107 bis 112). Das Pferd ist bei hohem Tempo auf dem Zirkel nicht mehr gebogen, d. h. in seiner Längsachse in Übereinstimmung mit der Zirkellinie, sondern eher gerade gestellt und wird durch die Einwirkung des Reiters immer wieder ein wenig nach innen versetzt – es galoppiert also nicht auf der Kreislinie, sondern auf einem Viereck (dies jedoch nur als Ausblick auf die »Höheren Weihen« der Reining).

Die Arbeit auf dem Zirkel

Die Zirkelarbeit nimmt beim Westernreiten eine besondere Stelle ein. Wie schon beschrieben, wird die Speed Control hauptsächlich über die Zirkelarbeit entwickelt. Speed Control, wie sie auf dem Turnier verlangt wird, beinhaltet nicht nur den Tempowechsel an sich, sondern auch das Reiten von verschieden großen Zirkeln – also beispielsweise schnellen Galopp auf einem großen Zirkel – daraus das Tempo deutlich zurücknehmen und ab dem Bahnmittelpunkt einen deutlich kleineren Zirkel reiten. Oder umgekehrt: einen kleinen, langsamen Zirkel reiten und ab Mittelpunkt der Bahn deutlich im Tempo zulegen und einen deutlich größeren Zirkel reiten.

In der Reining werden dazu alle fliegenden Galoppwechsel in einer »Figur Acht«, also beim Wechsel von einem Zirkel in den anderen (aus dem Zirkel wechseln) verlangt. Wichtig bei der Zirkelarbeit ist, daß der Zirkel völlig rund geritten wird. Das ist solange recht einfach, wie er – in einer normal großen Reitbahn – an drei Seiten von der Bande begrenzt wird. Der Reiter muß nur auf der offenen Seite des Zirkels aufpassen, daß ihm das Pferd nicht wegdrängelt, und darf natürlich die Ecken der Reitbahn nicht tief ausreiten, sondern muß sie so abrunden, daß keine Ausbuchtungen in der kreisrunden Linie entstehen. Schwieriger wird es dann schon, wenn sich der Reiter auf einem großen Platz befindet und sich die Zirkel ohne Bandenanlehnung einteilen muß. Das gibt anfangs keine

Schneller Galopp auf dem Zirkel am losen Zügel

kreisrunden Linien, sondern »Oster-
eier«, denn die meisten Reiter neigen
dazu, auf ihr Pferd herunterzusehen
und nicht auf den Weg, den sie reiten
wollen. Es ist also sinnvoll, auf sehr
großen Plätzen (auf denen auch auf
Turnieren eine Reining meist geritten
wird) runde Zirkel zu trainieren oder
ersatzweise im Herbst auf einem abgemähten Acker etc.

Bei einem gutgerittenen Pferd genügt
es, wenn der Reiter Kopf und Körper in
die Richtung dreht, in die er reiten will
(Körperdrehung), und diese einmal eingenommene Drehung solange beibe-
hält, wie er einen gleichgroßen Zirkel
reiten will – für einen kleineren Zirkel
dreht er den Körper etwas mehr in die
Wendung, für einen größeren etwas
weniger stark. Mit dieser Methode wird
der Zirkel automatisch rund – wenn das
Pferd gelernt hat, ohne zu drängeln auf
dem Zirkel zu bleiben. Das Versetzen
der Hände bzw. der Hand bei der einhändigen Zügelführung sowie die Gewichtsverlagerung nach innen erfolgt,
wie schon erwähnt, durch die Drehung,
wenn die Arme aus lockeren Schultern
mitgenommen werden. Die äußere
Hüfte wird bei der Körperdrehung ein
wenig vorgeschoben.

Bei schnellen Galopp-Zirkeln (bei den
Übungen der Speed Control) sieht man
auch, daß manche Reiter in der inneren
Hüfte einknicken. Sie bekommen damit
das Gewicht nach außen, schieben die
äußere Hüfte vor, drehen aber trotzdem den Körper nach innen, um der
Zentrifugalkraft entgegenzuwirken. Es
ist dies eigentlich eine modifizierte Körperdrehung – speziell auf die Übung der
schnellen Galoppzirkel abgestimmt, um
die Zirkel nach außen hin besser be-

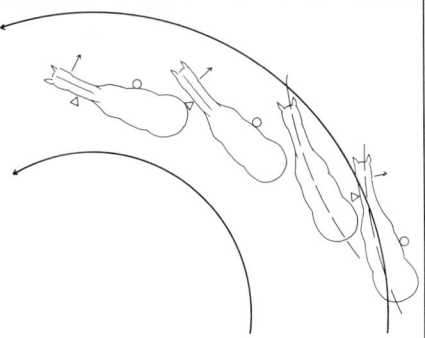

1 Zirkel verkleinern im Two Track –
das Pferd ist gegen die Zirkellinie gebogen

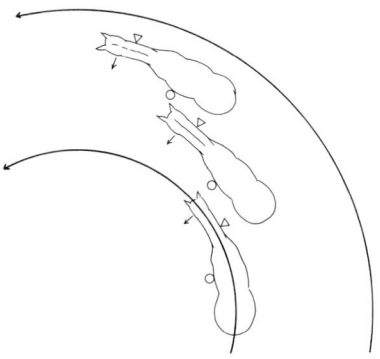

2 Zirkel vergrößern im Two Track – die
Biegung des Pferdes entspricht der Kreislinie

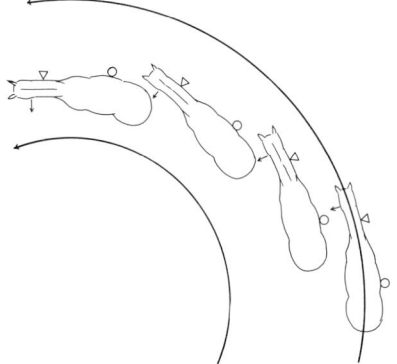

3 Zirkel verkleinern im Travers – die
Biegung des Pferdes entspricht der Kreislinie – der Reiter sitzt nach innen und
treibt mit dem äußeren Schenkel

grenzen zu können. Der Reiter hält praktisch dabei das Pferd mit seinem Gewicht davon ab, nach außen zu drängeln. Diese schnellen Zirkel sind neben dem Spin die einzige Übung, wo das Einknicken in der Hüfte zulässig ist.

Um sein Pferd weiter auf die Hilfengebung zu sensibilisieren, wird der Zirkel in allen Gangarten (natürlich wieder mit einfachen Übungen im Schritt beginnend) verkleinert und vergrößert. Beim Verkleinern sitzt der Reiter nach innen, treibt mit dem äußeren Schenkel etwas hinter dem Gurt und stellt das Pferd nach innen. Das Pferd sollte nun mit dem äußeren Beinpaar schräg vor das innere Beinpaar treten (siehe auch Seitwärtstreten / Travers Seiten 96–100) und durch dieses Übertreten den Zirkel im Durchmesser verkleinern. Vergrößert wird das Zirkel einfach durch Treiben mit dem inneren Schenkel statt mit dem äußeren. Stellung des Pferdes und Gewichtsverlagerung des Reiters bleiben wie beim Verkleinern (Schenkelweichen = Two Track). Das innere Beinpaar tritt schräg vor das äußere und vergrößert somit den Durchmesser. Diese Übung gibt es genauso auch in der englischen Reitweise.

Die Westernreiter haben jedoch noch eine weitere Art, den Zirkel zu verkleinern, die benutzt wird, um den Spin (siehe entsprechende Ausführungen ab Seite 111) vorzubereiten und zu verbessern. Der Reiter verkleinert dabei den Zirkel mit nach außen gestelltem Pferd wie beim Schenkelweichen (also Stellung gegen die Bewegungsrichtung). Diese Außenstellung hat den Vorteil, daß das Pferd die innere Schulter frei hat, um weit seitlich – nach innen – auszugreifen, was für den Spin nötig ist.

Roll Back

Eine besondere Art der Wendung ist der Roll Back. Will man ihn mit einer englischen Lektion vergleichen, so ist er eine Art Kurzkehrtwendung. Es handelt sich in der perfekten Ausführung um eine flüssige, gesprungene Wendung um 180 Grad im Galopp, bei der die Hinterhand auf der Stelle stehenbleibt und die Vorhand möglichst in einer einzigen Bewegung um die Hinterhand herumspringt.

Trainiert wird der Roll Back anfangs langsam und mit Hilfe der Bande. Der Reiter hält aus Schritt oder Trab etwa eine Pferdelänge neben der Bande an. Bei einem Roll Back nach links befindet er sich auf der rechten Hand und wendet das Pferd zur Bande hin. Das hat den Vorteil, daß es ihm nach vorne nicht weglaufen kann. Steht das Pferd, so sitzt der Reiter nach links, stellt das Pferd durch Herausführen der inneren, linken Hand und Anlegen des rechten Druckzügels nach links und gibt mit dem rechten Schenkel Druck. Das Pferd wendet nach links, sieht nach einer 60-Grad-Wendung vor sich die Bande und bleibt deswegen gut auf der Hinterhand stehen, ohne zu versuchen, sich nach vorne aus der Wendung herauszumogeln. Nach diesen 60 Grad, wenn es also nach vorn nicht mehr weg kann, gibt der Reiter vermehrt Druck mit dem äußeren Schenkel und evtl. einen Klaps mit der Gerte außen, so daß das Pferd die restlichen 120 Grad schneller ausführt. Dabei liegt der äußere Druckzügel weiter an, der innere Zügel ist lose. Das Pferd soll die Wendung möglichst schnell beenden – es ist durchaus er-

Roll Back gegen den Zaun – loser Kandarenzügel, das innere Hinterbein ist gut untergeschoben.

wünscht, daß es im Galopp aus dieser Wendung zum Zaun herauskommt.

Wenn das Pferd weiß, was der Reiter von ihm will – also ein möglichst schnelles »Herumwerfen« auf der Hinterhand, so kann der Roll Back aus dem Galopp trainiert werden. Anfangs stoppt der Reiter aus dem langsamen Galopp – eine Pferdelänge neben der Bande –, läßt das Pferd kurz stehen und verlangt dann die schnelle Wendung um 180 Grad. Später wird die Zeit, in der das Pferd wirklich steht, immer mehr verkürzt, so daß schließlich die erwünschte flüssige Wendung auf der Hinterhand

im Galopp entsteht. Soviel in groben Zügen zu diesem rasanten Reiningmanöver. Die genauen Ausbildungsschritte des Roll Back sprengen jedoch wieder den Rahmen dieser Einführung.

Wendungen mit einhändiger Zügelführung

Durch die jeweils zusätzliche Verwendung des äußeren Druckzügels verbindet das Pferd schließlich das Anlegen des äußeren Zügels untrennbar mit ei-

Roll Back mit beidhändiger Zügelführung. Man erkennt deutlich die starke Körperdrehung der Reiterin und das Herumspringen auf der HH.

ner Wendung. Eine Wendung nur mit dem äußeren Zügel zu reiten, ist schließlich reine Formsache.

Der Reiter nimmt beide Zügel in eine Hand und bewegt die Zügelhand waagerecht über den Mähnenkamm des Pferdes in die Richtung, in die er die Wendung reiten will. Je enger die Wendung, umso weiter bewegt er die Hand seitlich. Die Zügel haben eine Länge, die es ermöglicht, daß trotz der Seitwärtsbewegung der Zügelhand der äußere Zügel nicht ansteht. Anfangs ist zu diesen einhändigen Übungen durchaus keine Kandare notwendig. Es ist prinzipiell so, daß das Pferd auf den äußeren Druckzügel auf Trense (Snaffle-Bit) oder Bosal völlig sicher reagieren muß, bevor es sinnvoll ist, ein Trainingsgebiß, später eine Kandare zu verwenden. Reagiert das Pferd auf Trense nicht auf den Druckzügel, indem es abwendet, so tut es dies auf Kandare erst recht nicht, sondern verwirft sich im Hals und geht schlimmstenfalls in Außenstellung in eine Wendung. Der Reiter muß in dem Fall erst einmal weiter auf Trense mit dem Pferd arbeiten. Alle anderen Hilfen bleiben bei der einhändigen Zügelführung wie bei der beidhändigen.

Seitwärtstreten

Beim Westernreiten unterscheidet man grundsätzlich drei verschiedene Arten des Seitwärtstretens.

1. Eine reine Seitwärtsbewegung ohne Vorwärtstendenz, wie sie für verschiedene Trailhindernisse gebraucht wird. Diese Lektion wird nur im Schritt ausgeführt.

2. Das auch in der englischen Reitweise gebräuchliche Vorwärts-seitwärtstreten (Schenkelweichen), beim Westernreiten Two-Track (= zwei Hufschläge) genannt. Beim Two-Track ist das Pferd leicht gegen die Bewegungsrichtung gestellt. Es kann im Schritt, Trab und Galopp ausgeführt werden (im Galopp ist das Schenkelweichen in der englischen Reitweise nicht gebräuchlich, sondern nur die Traversale, bei der das Pferd in Bewegungsrichtung gestellt wird).

3. Das Seitwärtstreten mit Stellung und leichter Biegung des Pferdes in Bewegungsrichtung (Vergleich englisch Travers und Renvers). Diese Bewegung wird hauptsächlich bei der Zirkelarbeit (siehe auch Seiten 91 bis 93) ausgeführt.

Hilfengebung: reine Seitwärtsbewegung

Beidhändige Zügelführung

Beispiel: Seitwärts nach links. Der Reiter stellt das Pferd im Hals leicht nach rechts, indem er den rechten Zügel kurz annimmt. Er treibt dabei mit dem rechten Schenkel und verlegt sein Gewicht

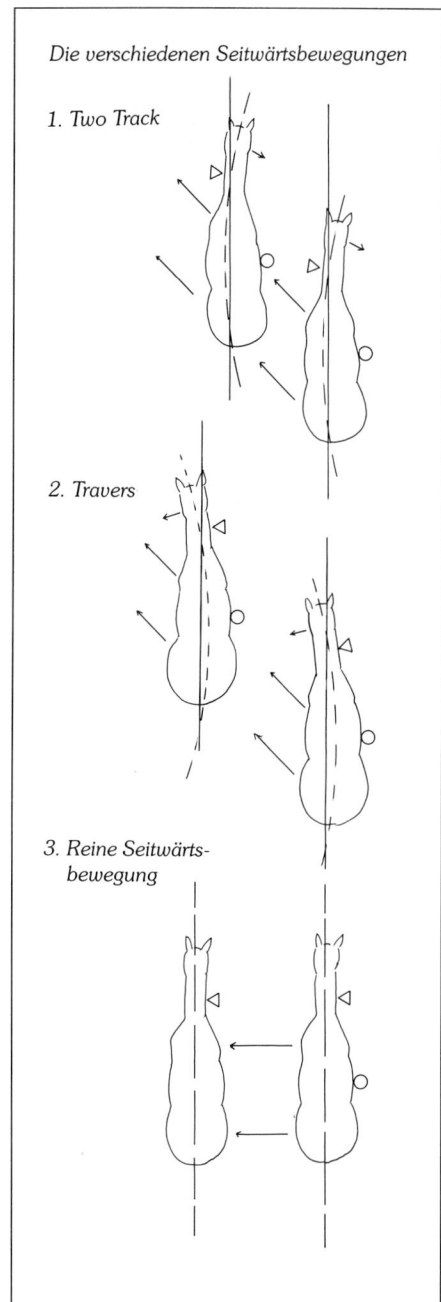

Die verschiedenen Seitwärtsbewegungen

1. Two Track

2. Travers

3. Reine Seitwärtsbewegung

leicht nach rechts. Macht das Pferd Anstalten, dem Schenkeldruck nach vorne statt seitlich (was es natürlich als unbequemer empfindet) auszuweichen, so begrenzt der Reiter durch zusätzliches Annehmen des äußeren (linken) Zügels die Vorwärtsbewegung. Das Pferd sollte nun dem Schenkeldruck nach links ausweichen.

Wer die Seiten über Wendungen und Gleichgewicht aufmerksam gelesen hat, wird nun einen Widerspruch zu dem vorher Gesagten entdecken. Beim Seitwärtstreten sitzt der Reiter nach rechts – und das Pferd soll nach links laufen. Dies widerspricht auf dem ersten Blick der Schwerpunkttheorie, bei der das Pferd in die Richtung läuft, in die der Reiter sein Gewicht verlegt. Nun haben wir aber beim Seitwärtstreten die zusätzliche Hilfe des Schenkeldruckes. Einem Druck, wo auch immer, weicht das Pferd natürlicherweise erst einmal aus, so auch dem Druck des rechten Schenkels – nämlich nach links. Der Schenkeldruck ist beim Seitwärtstreten die dominante Hilfe – er überlagert Zügel- und Gewichtshilfen. Das Gewicht spielt beim Seitwärtstreten eine etwas andere Rolle als bei Wendungen. Nimmt der Reiter sein Gewicht nach rechts, so entlastet er die linke Schulter. Dies erleichtert dem Pferd das seitliche Ausgreifen mit dem linken Vorderbein. Genauso dient die Rechtsstellung dazu, die linke Schulter freizumachen.

Ein Anheben der inneren, rechten Hand tut ein Übriges, um das Pferd vorne (d. h. in Hals und Schulter) »leicht zu machen«. Unter »leicht machen« versteht man eine freiere Beweglichkeit der Vordergliedmaßen des Pferdes einschließlich der Schulter. Das Pferd folgt

praktisch mit Hals und Kopf aus der Schulter heraus der angehobenen Hand nach oben.

Das Pferd soll bei dieser Bewegung nur minimal gebogen sein, mit zunehmender Routine unter Umständen gar nicht mehr, denn diese Seitwärtsbewegung ist hauptsächlich für die Trailausbildung bestimmt, bei der das Pferd seitwärts über eine Stange tritt (mit den Vorderbeinen auf der einen Seite und den Hinterbeinen auf der anderen Seite der Stange). Bei zu starker Biegung bekommt es Probleme mit der Koordination seiner Beine. Auch ist es vorteilhaft, wenn das Pferd nicht übertritt (siehe Two Track), sondern einfach nur mit dem äußeren Bein seitlich ausgreift und das innere Bein nachzieht.

Einhändige Zügelführung

Bei der einhändigen Zügelführung muß die Stellung des Pferdes hauptsächlich durch den inneren Schenkel und die Gewichtsverlagerung erreicht werden. Der Zügel wird für die Begrenzung der Vorwärtsbewegung benutzt. Das heißt, daß das Pferd die Seitwärtsbewegung nur auf Gewichtsverlagerung und Schenkel des Reiters sicher ausführen muß, bevor einhändig geritten werden kann. Die Zügelhand bleibt dabei über dem Sattelhorn stehen, wird evtl. minimal nach innen (also gegen die Bewegung bei gegen die Bewegungsrichtung gestelltem Pferd) versetzt, so daß der äußere Zügel leicht am Hals anliegt. Sie wird etwas stärker nach innen oder außen bewegt, um die Vorhand zu korrigieren, wenn das Pferd von der reinen Seitwärtsbewegung abweichen will und mit der Vorhand nicht mehr parallel zur Hinterhand ist. D. h. wenn das Pferd

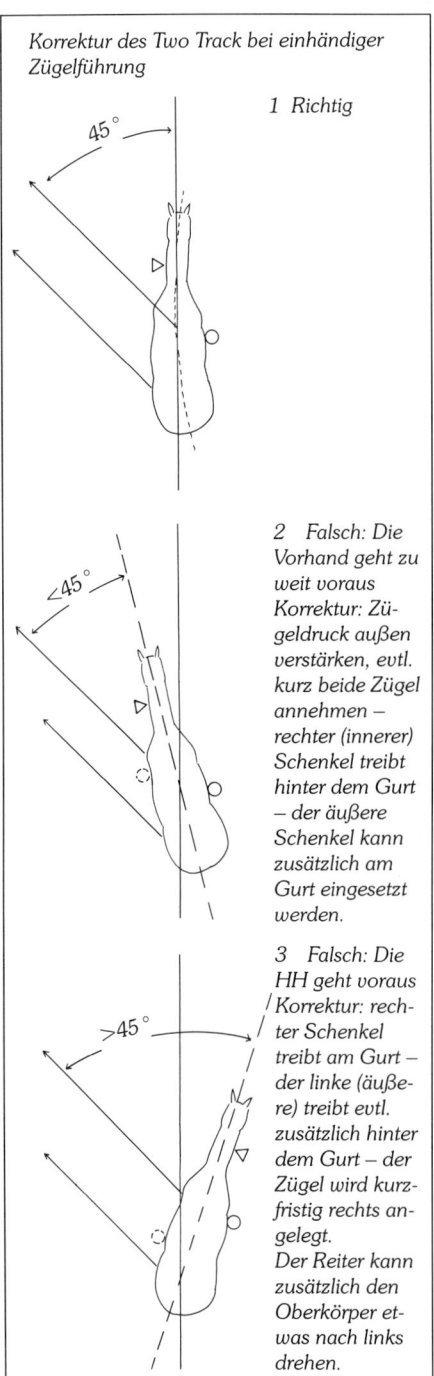

Korrektur des Two Track bei einhändiger Zügelführung

45°

1 Richtig

2 Falsch: Die Vorhand geht zu weit voraus
Korrektur: Zügeldruck außen verstärken, evtl. kurz beide Zügel annehmen – rechter (innerer) Schenkel treibt hinter dem Gurt – der äußere Schenkel kann zusätzlich am Gurt eingesetzt werden.

3 Falsch: Die HH geht voraus
Korrektur: rechter Schenkel treibt am Gurt – der linke (äußere) treibt evtl. zusätzlich hinter dem Gurt – der Zügel wird kurzfristig rechts angelegt.
Der Reiter kann zusätzlich den Oberkörper etwas nach links drehen.

mit der Vorhand voraus gehen will, so liegt der äußere Zügel vermehrt an, und der Zügel wird soweit angenommen, daß etwas Druck im Maul dabei entsteht. Wenn das Pferd mit der Vorhand nicht nachkommt, also die Hinterhand voraus gehen will, so wird die Hand nach außen versetzt, so daß der innere Zügel am Hals anliegt und das Pferd mit der Vorhand wieder parallel zur Hinterhand kommt.

Hilfengebung: Two Track

Beidhändige Zügelführung

Bei dieser Bewegung wird das Pferd dazu aufgefordert, seine Vorwärtsbewegung etwa um die Hälfte zugunsten der Seitwärtsbewegung zu reduzieren. Bewegt sich das Pferd beim reinen Seitwärtstreten in einem Winkel von 90 Grad seitwärts zu seiner Längsachse, so bewegt es sich beim Two Track in einem Winkel von 45 Grad parallel zu seiner Längsachse. Die Vorderbeine sollen dabei minimal führen – also in Bewegungsrichtung minimal von der Parallele abweichen. Falsch ist es, wenn die Hinterbeine führen. Das innere Beinpaar kreuzt dabei das äußere. Das Pferd »tritt über«. Beim Two-Track nach links beispielsweise kreuzen die beiden rechten Beine die linken.
Die Hilfen sind grundsätzlich zwar die gleichen wie bei der reinen Seitwärtsbewegung, jedoch wird logischerweise die Vorwärtsbewegung nicht so stark durch das Annehmen der Zügel begrenzt.
Der Unterschied zwischen den beiden

Formen des Seitwärtstretens liegt einfach in der Intensität der Hilfen.

Auch in Trab und Galopp unterscheidet sich die Hilfengebung nicht von der im Schritt (wobei der Two Track im Galopp jedoch schon sehr hohe Anforderungen an Reiter und Pferd stellt).

Wichtig ist bei jeder Seitwärtsbewegung Flüssigkeit (kein Stocken in der Bewegung) und die Erhaltung der taktreinen Fußfolge der jeweiligen Gangart.

Besonders in Trab und Galopp neigen nun die meisten Pferde dazu, sich vor der Arbeit zu drücken; sie biegen sich verstärkt im Hals und laufen über die äußere Schulter davon. Das heißt, sie treten nicht seitwärts über, sondern laufen geradeaus – Vorder- und Hinterbeine in einer Spur statt seitlich versetzt.

Der unerfahrene Reiter merkt dies unter Umständen nicht einmal, weil ihn das Pferd durch die Biegung im Hals, die es bereitwillig anbietet, täuscht. Wichtig

beim Schenkelweichen ist jedoch nicht die Biegung im Hals, sondern, wie in einer Wendung, ein gleichmäßig leicht gebogenes Pferd. Durch Annehmen des äußeren Zügels bei stärkerem Treiben des inneren Schenkels ist das »Über-die-Schulter-Weglaufen« zu korrigieren.

Einhändige Zügelführung

Wie bei der reinen Seitwärtsbewegung muß das Pferd auf Gewicht und Schenkel allein reagieren, um die Seitwärtsbewegung einzuleiten. Die Zügelhand bestimmt nur noch durch kurzes Verhalten (Annehmen) und Anlegen des jeweils nötigen Zügels (durch Seitwärtsbewegen der Hand) die Stärke der Stellung des Pferdes und korrigiert die Vor-

Kreuzen der Vorderbeine beim Two Track

Trab: richtige Phase für den Einsatz des Schenkeldruckes innen beim Two Track nach rechts – linkes Hinterbein und rechtes Vorderbein fußen ab. Eine Erleichterung für den Anfänger ist es, wenn der Trainer bei jedem Abfußen z. B. »Jetzt« sagt, ihm den Zeitpunkt des Schenkeldruckes praktisch ansagt.

hand. Der Two Track wird sowohl auf geraden Linien als auch auf dem Zirkel ausgeführt (siehe Zirkelarbeit, Seite 91).

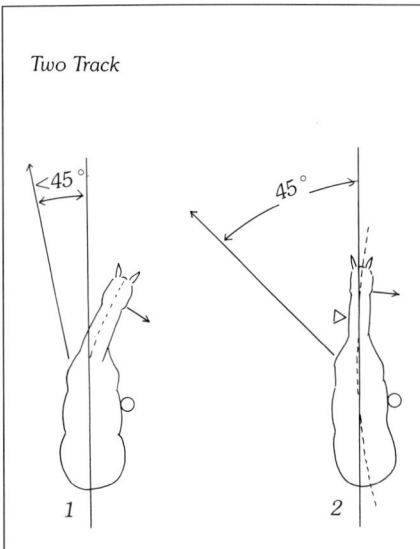

Two Track

1 Falsch: Pferd knickt nur im Hals ab und läuft über die linke Schulter weg – der Reiter zieht zuviel am inneren Zügel
2 Richtig: Der äußere Zügel kontrolliert die Stärke der Biegung

Hilfengebung: seitwärts mit in Bewegungsrichtung gestelltem Pferd

Beidhändige Zügelführung

Bei dieser Seitwärtsbewegung sitzt der Reiter wieder in Bewegungsrichtung und treibt das Pferd mit dem äußeren Schenkel. Beispiel: Das Pferd soll nach rechts seitwärts treten; es ist nach rechts gestellt (die rechte Hand des Reiters leicht angehoben, damit das Pferd in

der Schulter leicht wird) und leicht gebogen, der Reiter hat sein Gewicht nach rechts verlagert und treibt mit dem linken Schenkel. Der linke Zügel liegt am Hals an.

Und nun ist der arme Reitschüler vermutlich völlig verwirrt; wieso denn auf einmal wieder anders herum? Ganz einfach: Das Schenkelweichen ist für das Pferd leichter zu erlernen, da es die äußere Schulter durch das Sitzen des Reiters gegen die Bewegung freibekommt. Hat es gelernt, auf die seitwärtstreibenden Schenkelhilfen zu reagieren, so kann der Reiter sein Gewicht auch wieder in Bewegungsrichtung verlegen (womit wieder die normale Schwerpunkttheorie in Kraft tritt). Das Schenkelweichen geht immer der Lektion des in Bewegungsrichtung seitwärtstretenden Pferdes voraus. Mit zunehmender Gymnastizierung des Pferdes fällt ihm das Seitwärtstreten leichter, und es wird auch in Bewegungsrichtung dem äußeren Schenkeldruck und einem leichten, die Vorwärtsbewegung begrenzenden Zügelimpuls folgen – ohne die Erleichterung der freien Schulter (auch in der englischen Reitweise geht das Schenkelweichen der Traversale in der Ausbildung voraus).

Einhändige Zügelführung

Die Zügelhand wird in Bewegungsrichtung über den Mähnenkamm geführt, der äußere Zügel liegt konstant am Hals an. Die Zügel werden korrigierend leicht angenommen, wenn das Pferd zuviel Vorwärtstendenz hat und zuwenig übertritt.

Alle Arten der Seitwärtsbewegung dienen der verstärkten Gymnastizierung des Pferdes, aber auch der Festigung des Gehorsams auf Gewichts- und Schenkelimpulse. Und bei allen Arten der Seitwärtsbewegung ist es der äußere Zügel, der hauptsächlich gebraucht wird – um die Vorwärtsbewegung zu begrenzen, aber auch, weil mit dem äußeren Zügel das innere Hinterbein beeinflußt werden kann. Wirkt ein Annehmen des äußeren Zügels auf die Bewegung des inneren Hinterbeines (welches in diesem Moment vermehrt unter den Schwerpunkt des Pferdes treten soll), so spricht man von einer diagonalen Durchlässigkeit des Pferdes. Auch diese Durchlässigkeit soll durch das Seitwärtstreten gefördert werden. Wenn das Pferd einhändig geritten werden soll, so ist sie besonders wichtig, denn wenn bei der einhändigen Zügelführung ein Zügel einmal mehr ansteht, so ist es der äußere (dies liegt in der Natur der Bewegung der Zügelhand über den Mähnenkamm).

Bei schon weitgehend durchgymnastizierten Pferden ist es eine gute Übung, sowohl auf der Geraden als auch auf dem Zirkel Stellung und Biegung des Pferdes zu wechseln (siehe auch Seiten 91, 92). Der Reiter soll durch das Seitwärtstreten in die Lage versetzt werden, jede Bewegung sowohl der Vorderbeine als auch der Hinterbeine des Pferdes zu kontrollieren, und zwar im Laufe der Zeit mit immer weniger Hilfen. Für diese Kontrolle muß er allerdings in der Lage sein, genau zu spüren, wohin das Pferd seine Hufe setzt. Dieses Gespür geht dem Anfänger meist noch ab. Es ist jedoch erlernbar und hat viel mit der Konzentration zu tun, mit der ein Reiter an die Lektionen herangeht. Er muß sich – ohne sich zu verkrampfen – auf seinen Sitz konzentrieren. Läuft ein Pferd geradeaus, statt überzutreten, so wird er auch gerade gesetzt, d. h. er würde bequem sitzen, wenn er sein Gewicht nicht nach einer Seite verlagert hätte. Die Gewichtsverlagerung hingegen bereitet Mühe, weil das Pferd ihr nicht folgt. Das gilt für das Seitwärtstreten sowohl in als auch gegen die Bewegungsrichtung.

Schneller Galopp in einer Reining

Rückwärtsrichten (RR)

Beidhändige Zügelführung

Wenn das Rückwärtsrichten bei der Arbeit an der Hand gut vorbereitet wurde, so stellt es auch unter dem Reiter normalerweise kein Problem dar. Das Pferd kennt das verbale Kommando zum Rückwärtsgehen und weiß ungefähr, was der Reiter von ihm will. Zum Rückwärtsrichten kann man nun unterschiedliche Hilfenkombinationen verwenden – es kommt nur darauf an, sich dem Pferd in angemessener Weise verständlich zu machen. Und natürlich darauf, eine einmal gewählte Kombination in immer der gleichen Weise wiederzuverwenden, denn das Pferd reagiert nur auf die in seiner Erinnerung gespeicherten Hilfen. Eine abgewandelte Hilfe mit gleicher Bedeutung (die bei einem Pferd, welches es anders gelernt hat, durchaus seine Berechtigung hat) kann es nur verwirren.

Eine gängige Hilfenkombination für das Rückwärtsrichten, die auch völlig zur Forderung der Minimalhilfengebung und zur Gleichgewichtstheorie paßt, ist folgende: Der Reiter hebt die Zügelhände leicht an, verlegt sein Gewicht nach hinten (denn das Pferd soll sich ja nicht nach vorwärts in Bewegung setzen). Mit dem Kommando »back« (oder was auch immer er in der Arbeit an der Hand verwendet hat) nimmt er nun beide Zügel kurz an und gibt sofort wieder nach (die Zügel sind dabei gleichlang!!). Setzt sich das Pferd rückwärts in Bewegung, so lobt er es. Reagiert es nicht, so wiederholt er den Zügelimpuls mehrmals hintereinander. Er darf jedoch nie andauernden Druck ausüben,

sondern allerhöchstens den kurzfristigen Zügelimpuls etwas verlängern und verstärken, also etwas Druck aufbauen, und dann wieder loslassen, um erneut Druck aufzubauen etc. Der Reiter belastet dabei das Pferd gleichmäßig, verlegt also sein Gewicht nicht nach einer Seite – das würde das Pferd zum schiefen Rückwärtstreten veranlassen. Nach einiger Zeit sollte das Pferd nur noch auf das Signal des Anhebens beider Zügel rückwärts gehen.

Was im einzelnen beachtet werden muß, welche Alternativen der Westernreiter beim Rückwärtsrichten hat und welche Möglichkeiten er zur Korrektur des fehlerhaften Rückwärtsrichten hat, soll nun erläutert werden. Für die Hilfengebung beim Rückwärtsrichten sind folgende Punkte wichtig:

1. Rückwärtsrichten ist eine Bewegung im Zweitakt. Es hat die gleiche Fußfolge wie der Trab – nur werden die diagonalen Beinpaare nicht nach vorne, sondern nach hinten versetzt. Jedes von diesem Zweitakt abweichende Auffußen ist fehlerhaft.

2. Das Pferd soll die Vorderhufe beim Rückwärtsrichten deutlich vom Boden abheben – manche Pferde ziehen die Vorderhufe einfach nach hinten über den Boden, ohne sie richtig anzuheben. Man kann dies deutlich an den dabei entstehenden Schleifspuren erkennen. Dieser Fehler entsteht hauptsächlich bei einem widerwilligen Rückwärtstreten, meist verbunden damit, daß das Pferd die Schulter steif macht und herunterdrückt.

Rückwärtsrichten:
1. Gutes RR
2. Hier senkt das Pferd beim RR die Hinterhand stark, gibt aber im Genick nicht gut nach.
3. Falsch: der Reiter versucht, das Pferd rückwärts zu ziehen. Das Pferd ist in der Schulter steif und wehrt sich gegen den Zügel.

3. Das Pferd soll beim Rückwärtsrichten locker im Rücken bleiben. Dies beinhaltet ein leichtes Abknicken des Pferdes im Genick. Drückt es Hals und Rücken weg, so blockiert es damit die Hinterhand, die in diesem Fall nicht mehr gesenkt wird, wie es für ein gutes Rückwärtsrichten erforderlich ist.

4. Das Rückwärtsrichten wird beim Westernreiten nicht nur gerade (wie in der englischen Reitweise), sondern mit zunehmender Gymnastizierung und Rittigkeit des Pferdes auch auf gebogenen Linien – und (im Trail) auch um die Ecke herum ausgeführt (gelenktes Rückwärtsrichten).

5. Im Gegensatz zum Rückwärtsrichten der englischen Reitweise wird das gerade Rückwärtsrichten in der fortgeschrittenen Westernausbildung auch sehr schnell verlangt. Es ist dann fast ein Rückwärts-Laufen, bei dem das Pferd sehr schnell (für den Betrachter wirkt es fast hektisch) abfußt.

Die angesprochenen Punkte bedeuten für den Reiter:
Er muß die Schulter des Pferdes kontrollieren, damit das Pferd sie nicht steif macht. Nur so bleibt es mit den Vorderbeinen beweglich. Dies tut er normalerweise durch das Anheben der Zügelhände – das Pferd folgt dem Anheben der Hände und nimmt den Hals etwas höher, was zu einer größeren Schulterfreiheit und damit zu einem besseren Anheben der Vorderbeine führt. Gibt es Schwierigkeiten mit dieser Übung, kann – wie auch bei den Übungen an der Hand – ein Helfer dem Pferd ein

wenig mit der Gerte vor der Nase herumwedeln, damit es Kopf und Hals anhebt.

Eine steife Schulter kann zusätzlich dadurch beweglicher gemacht werden, daß der Reiter das Pferd aus einer schnelleren Gangart (Trab oder Galopp) stoppt – sofern es das schon kann – und sofort die Hilfen zum Rückwärtsrichten gibt. Bei einem richtig ausgeführten Stop ist das Pferd in Schulter und Vorderbeinen locker. Es ist im Hals aufgerichtet, und die Hinterhand steht schon gut unter dem Schwerpunkt. Dies ist eine gute Ausgangsposition für das Rückwärtsrichten. Ein Wechsel Trab – Stop – RR – Trab – Stop – RR ist auch im Bezug auf den gleichen Takt der beiden Bewegungen in diesen Fällen sehr sinnvoll. Es hat den zusätzlichen Effekt, daß die Hinterhand durch das Antreten aus dem Rückwärtsrichten besonders gefordert wird. Auch ein vermehrtes Training des Pferdes in engeren Wendungen und ein mehrmaliges stärkeres Abstellen im Hals (siehe Seite 130 / Arbeitserleichterung) beseitigt zusätzlich die Steifheiten in der Schulter.

Drückt das Pferd den Rücken weg, so ist dies normalerweise mit einem Wegdrücken des Halses und einer zu hohen Kopfhaltung verbunden. Dabei ist gegenteilig zu erfahren: Der Reiter nimmt die Hand tiefer und entlastet unter Umständen den Rücken des Pferdes leicht. Mit der tiefen Hand kann er die Zügelimpulse auch zur Korrektur wechselseitig geben. Die kurzfristige Biegung im Hals nach jeweils der Seite des Zügelimpulses hindert das Pferd daran, gegen den Zügel zu drücken und den Hals zu versteifen. Die Entlastung des Rückens durch ein Vornehmen des Gewichtes würde zwar der Theorie der Minimalhilfengebung und der Gleichgewichtstheorie mit adäquater Schwerpunktverlegung widersprechen – jedoch kann man dem Pferd mit Rückenschwierigkeiten, wenn es damit besser funktioniert, durchaus das Rückwärtsrichten auch mit einem Entlasten des Rückens verständlich machen. Der Zügelimpuls, der die Vorwärtsbewegung begrenzt, muß nur einfach stärker und deutlicher gegeben werden als der Gewichtsimpuls. Als zusätzliches Unterscheidungsmerkmal zur Vorwärtsbewegung kann der Reiter beide Unterschenkel nach hinten nehmen und mehr oder weniger stark Druck ausüben. Diese Hilfe ist durch keine andere Lektion des Westernreitens »besetzt«. Mit zuneh-

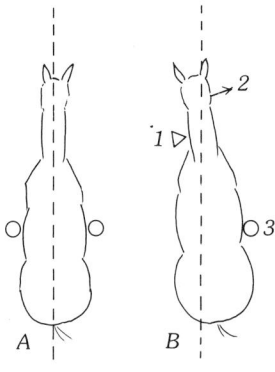

Seitliche Kontrolle beim Rückwärtsrichten

A   *gerades RR – für mehr Tempo beidseitigen Schenkeldruck*
B   *Pferd geht schief nach rechts – Korrektur: Anlegen des linken Zügels (1) Annehmen und seitliches Herausführen des rechten Zügels (2) Druck mit dem rechten Schenkel hinter dem Gurt (3)*

mendem Gehorsam und gefestigter »Konditionierung« des Pferdes auf das Zurücknehmen der Unterschenkel kann diese Schenkelhilfe später als Signal für das Rückwärtsrichten ausreichen. Damit wäre zugleich eine Variante der Hilfengebung beschrieben: Gewicht des Reiters minimal nach vorne verlegen (Rücken entlasten), beide Unterschenkel zurücknehmen, Zügel mit tiefer Hand kurz beidseitig annehmen (drückt das Pferd den Rücken nicht mehr weg, kann auch die Hand höher genommen werden).

Seitliche Kontrolle: Erste Übung beim Rückwärtsrichten ist immer das schnurgerade Rückwärtstreten des Pferdes. Da jedes Pferd seine steifere Seite hat, wird es versuchen, nach einer Seite auszuweichen, um sein steiferes Hinterbein nicht so stark abwinkeln zu müssen. Auf der Seite, auf der es nun wegdriftet, muß es der Reiter mittels Druck des Unterschenkels dazu auffordern, gerade zu bleiben. Gleichzeitig stellt er es in Kopf und Hals genau in die Richtung, in die es hinten wegdrückt. Dadurch müßte es sich nun stark biegen beim Rückwärtsrichten, was ihm noch unangenehmer wäre – es wird sich also geradestellen. Der der Seite des Wegdriftens entgegengesetzte Zügel kann zudem angenommen werden. Ist das Pferd diagonal durchlässig, so wirkt er auf das ausweichende Hinterbein.

Beherrschen Pferd und Reiter das gerade Rückwärtsrichten, so kann mit dem Rückwärtsrichten auf gebogenen Linien begonnen werden – aber auf keinen Fall vorher, um das Pferd nicht zu verwirren. Das Rückwärtsrichten auf gebogenen Linien hat erstens zum Ziel, das innere Hinterbein zum vermehrten

Abwinkeln aufzufordern sowie seine Biegsamkeit zu fördern und zweitens den absoluten Gehorsam auf Schenkel- und Zügelhilfen des Reiters zu festigen sowie die Feinabstimmung der Hilfen für den Trail zu fördern.

Um die seitliche Biegsamkeit zu fördern, sollte das Pferd die Wendung rückwärts genauso ausführen wie eine Wendung vorwärts, also in Richtung der Wendung gestellt und gebogen. Es wird in ähnlicher Weise verfahren, wie oben zur Korrektur des schiefen Rückwärtsrichtens beschrieben. Der Reiter dirigiert z. B. die Hinterhand des Pferdes durch Druck des rechten Schenkels hinter dem Gurt in eine Links-Wendung hinein. Der linke Schenkel biegt das Pferd durch Druck am Gurt, der linke Zügel wird angenommen und stellt das Pferd links. Das Gewicht des Reiters ist auch links. Der Reiter kontrolliert so Vor- und Hinterhand des Pferdes. Bei sehr engen Wendungen (z. B. um 90 Grad, wie sie im Trail gebraucht werden) vernachlässigt man die Biegung des Pferdes jedoch und versucht nur, die Hinterhand des Pferdes zielgenau um die Ecke zu dirigieren.

Soll das Pferd rückwärtsgehend eine enge Trail-Wendung nach rechts ausführen, so treibt der Reiter mit dem linken Schenkel weit hinter dem Gurt. Das Gewicht des Reiters ist links – entgegen der Bewegungsrichtung der Hinterhand. Der rechte Druckzügel liegt an, der linke Zügel wird anfangs etwas angenommen und führt die Vorhand nach links; da das Pferd natürlich nicht rechtwinklig in den Rippen abknicken kann, wird durch die Bewegung der Vorhand nach links gleichzeitig die Hinterhand nach rechts in die gewünschte Richtung

Gelenktes RR durch eine L-Form

bewegt. Im ersten Fall geht es um seitliche Biegsamkeit und Schenkelgehorsam, im zweiten nur darum, das Pferd mit minimalen Hilfen zielgenau zu reiten. Je nach Zweck wird also das gelenkte Rückwärtsrichten anders gehandhabt. Bei beiden Arten ist jedoch die Schenkelhilfe dominant.

Anfangs vertut sich der Reiter noch sehr mit der Intensität der Hilfen, gibt sie viel zu stark oder überfallartig heftig und wundert sich dann, wenn das Pferd heftig reagiert. Mit zunehmender Routine des Pferdes reicht ein leichtes Versetzen der Zügelhand und minimaler Schenkeldruck für eine rechtwinklige Wendung. Klappt dies alles gut, so kann mit Trailübungen in dieser Art begonnen werden – siehe Seiten 112 bis 120. Leichte Trailübungen können auch in der Übungsphase eingeschoben werden, denn viele Pferde sehen eher einen Sinn im gelenkten Rückwärtsrichten, wenn sie eine tatsächliche Begrenzung sehen.

Mehr Tempo beim Rückwärtsrichten: Hat das Pferd keine Probleme mit dem flüssigen, taktreinen Rückwärtsrichten mehr, so kann der Reiter beim geraden Rückwärtsrichten mehr Tempo fordern. Er wird dies über das verbale Kommando, welches er normalerweise für mehr Tempo (z. B. Zungenschnalzen – siehe auch Speed Control) verwendet, sowie über beidseitigen, schnell aufeinanderfolgenden Schenkeldruck zu erreichen versuchen.

Einhändige Zügelführung
Bevor das Rückwärtsrichten einhändig geritten wird, sollte das Pferd nur auf Anheben der Zügelhände flüssig und gerade rückwärts treten und mit Schenkeldruck und Gewicht problemlos korrigiert und in Wendungen dirigiert werden können. Bei der einhändigen Zügelführung muß der Reiter nur darauf achten, daß seine Hand genau in der Mitte über dem Sattelhorn steht und die Zügel gleichlang sind, wenn er gerade rückwärts richten will. Mit zunehmendem Gehorsam des Pferdes und der Festigung der Bewegungsabläufe in verschiedenen Hindernissen kann der Schenkeldruck beim gelenkten Rückwärtsrichten im Trail immer mehr entfallen, und das Pferd wird fast nur noch durch Zügeldruck mit dem jeweils äußeren Zügel sowie leichter Gewichtsverlagerung dirigiert.

106

Vorhandwendung (VHW)

Beidhändige Zügelführung

Besonders bei einigen Trailübungen ist es erforderlich, daß Pferd und Reiter die Vorhandwendung beherrschen. Der Begriff Vorhandwendung bezeichnet eine Wendung um 180 Grad, bei der das Pferd mit der Hinterhand um die stehende Vorhand herumläuft. Natürlich stehen die beiden Vorderbeine nicht während jeder Phase dieser Bewegung fest auf dem Boden (das Pferd würde sich ja dabei einen Knoten in die Beine machen). Sie treten vielmehr auf der Stelle. Die Hinterhand beschreibt einen Halbkreis um die Vorhand. Die Hilfen für diese Übungen sind denen des Schenkelweichens sehr ähnlich. Zum Beispiel eine Vorhandwendung nach links:

Der Reiter stellt sein Pferd ganz leicht nach rechts, sitzt nach rechts und treibt mit dem rechten Schenkel, den er etwas weiter zurücklegt als bei der Seitwärtsbewegung, die Hinterhand seitlich weg. Beide Zügel werden etwas angenommen, um ein Seitwärts- oder Vorwärtstreten der Vorhand zu verhindern – unter Umständen muß der linke Zügel sogar stärker angenommen werden als der rechte, damit die Vorhand sich nicht seitlich bewegt. Würde der Reiter stattdessen den rechten Zügel stärker annehmen, so könnte das Pferd über die linke Schulter weglaufen.

Einhändige Zügelführung

Für die einhändige Zügelführung soll das Pferd die Vorhandwendung sicher beherrschen, so daß der Reiter mit dem Zügel durch leichtes Annehmen nur noch die Vorwärtstendenz begrenzen muß.

Hinterhandwendung (HHW) / Spin

Beidhändige Zügelführung

Wie auch die Vorhandwendung, so wird eine saubere Hinterhandwendung für bestimmte Trailhindernisse gebraucht. Viel wichtiger jedoch ist die Hinterhandwendung als Vorbereitung auf den Spin, jenes rasante Reining-Manöver, bei dem das Pferd mit den Vorderbeinen in einem Bogen um das feststehende innere Hinterbein herumtrabt. Das äußere Vorderbein überkreuzt dabei das innere. Je weniger sich das innere Hinterbein von der Stelle bewegt, umso besser.

Natürlich wird die Hinterhandwendung erst einmal im Schritt geübt. Wie in vielen Lektionen gibt es Varianten der Hilfengebung. Als Vorübung für die Hinterhandwendung empfiehlt es sich, sehr kleine Zirkel zu reiten bzw. den Zirkel zu verkleinern (siehe Seiten 91, 92). Im Hinblick auf den Spin, auf den diese Vorübungen teilweise hinzielen, wird folgende Variante der Hilfenge-

HHW nach rechts – deutliches Überkreuzen der Vorderbeine

Spin nach links – das linke Hinterbein ist der Drehpunkt und tritt deutlich unter

Spin nach links – äußerer Zügel liegt an

Spin nach rechts

bung hier beschrieben. Der Reiter setzt sein Gewicht – wie beim Schenkelweichen – entgegen der Bewegungsrichtung ein. Er knickt jedoch dazu in der Hüfte ein, wie auch bei den schnellen Galoppzirkeln. Bei einer Hinterhandwendung nach rechts sitzt er also leicht nach links (hat aber seinen Oberkörper rechts und Druck im rechten Steigbügel) und treibt mit dem linken Schenkel die Vorhand seitlich um die Hinterhand herum (der Schenkel liegt dabei weiter vorne als bei der Vorhandwendung, denn er soll sich nicht auf die Bewegung der Hinterhand, sondern auf die der Vorhand auswirken). Gleichzeitig mit der leichten Gewichtsverlagerung nach links erfolgt jedoch eine stärkere Gewichtsverlagerung nach hinten – damit das Pferd die Hinterbeine gut untersetzt, und um ihm zu zeigen, daß keine Vorwärtsbewegung erwünscht ist (siehe Gleichgewichtstheorie). Das Pferd ist bei der Übung leicht nach rechts gestellt (durch Anlegen und Auf- und Abbewegen des linken Druckzügels). Die Zügel werden nur angenommen (beide), wenn das Pferd sich trotz der starken Gewichtsverlagerung des Reiters nach hinten dieser Lektion nach vorne entziehen will. Ansonsten soll das Pferd den Hals lang machen dürfen, wie es später für den Spin auch notwendig ist.

Anfangs kann man eine Hand in Richtung der Wendung (die rechte in diesem Beispiel) weit hereinführen, um dem Pferd den Weg in die Wendung zu zeigen. Dies ist dann die gleiche Bewegung, die man auch bei jungen Pferden in einer normalen Wendung ausführt – eine überdeutliche Zügelhilfe, um ihnen das Verständnis zu erleichtern.

Will das Pferd sich nach vorne oder hinten durch Weglaufen entziehen, so muß dies sofort korrigiert werden:

Will es nach vorne weg, so nimmt der Reiter beide Zügel kurz an und sagt »Ho«. Ein leichtes Ausweichen nach vorn ist jedoch kein grober Fehler. Es ist sogar anfangs besser, wenn das Pferd etwas Vorwärtstendenz hat, damit es lernt, mit den Vorderbeinen immer nach vorne zu überkreuzen – das Zurücktreten ist, wie auch in der englischen Reitweise, der größere Fehler und führt später beim Spin dazu, daß das Pferd mit dem äußeren Vorderbein evtl. hinter dem inneren Vorderbein überkreuzt und sich dabei schlimmstenfalls selbst gegen das Röhrbein oder auf den Ballen tritt. Will es nach hinten weg, so treibt der Reiter energisch mit beiden Schenkeln vorwärts und geht mit den Händen vor. Will es seitlich weg, so korrigiert er es durch etwas weiter hinten angebrachten Schenkeldruck auf der Seite, zu der es wegtreten will.

Besonders muß der Reiter darauf achten, daß das Pferd während der Bewegung mit Ausnahme der leichten Kopfstellung in Richtung der Bewegung (in unserem Beispiel also nach rechts) in sich gerade ist. Ist es gebogen, so neigt es dazu, mit der Hinterhand nach der entgegengesetzten Seite der Biegung »wegzuschleudern« (in der englischen Reitweise soll das Pferd bei der Hinterhandwendung gebogen sein – jedoch wird diese Hinterhandwendung immer nur sehr langsam ausgeführt). Nun muß der Reiter aber erst einmal merken, daß das Pferd überhaupt mit der Hinterhand »aus der Spur« tritt. Ein Pferd, welches während der Wendung gut auf dem inneren Hinterbein steht, läßt den Reiter entsprechend ruhig sitzen. Die Belastung seiner beiden Gesäßknochen verändert sich nicht. Tritt jedoch das innere Hinterbein stärker zur Seite, so verändert sich auch der Druck auf die Gesäßknochen des Reiters, während das Bein seitlich oder nach hinten versetzt wird. Da der Reiter sein Gewicht nach außen verlegt, rutscht er bei einem starken seitlichen Wegtreten des Pferdes mit dem inneren Hinterbein kurzfristig noch stärker nach außen.

Spin

Das innere Hinterbein, in unserem Beispiel das rechte, soll weit unter den Schwerpunkt treten, um das Hauptgewicht in der Wendung zu tragen. Dies ist besonders wichtig, wenn die Hinterhandwendung als Vorbereitung für den Spin betrachtet wird, bei dem das Pferd später mit dem inneren Hinterbein soweit vortritt, daß sich dieses etwa unter seiner Bauchmitte befindet. Dies ist notwendig, um Pferd und Reiter bei dieser schnellen, trabartigen Bewegung im Gleichgewicht zu halten.

Um mehr Tempo in die Hinterhandwendung zu bekommen, wie es für den Spin nötig ist, entwickelt man das Drehen auf der Hinterhand aus einem Zirkel im Schritt, später im Trab. Der Reiter verkleinert den Zirkel immer weiter, bis das Pferd die Grenze seiner anatomisch möglichen Biegung erreicht hat. Dabei sitzt er nach innen, das Pferd ist nach innen gestellt und gebogen. In dem Moment, in dem der Zirkel nicht mehr weiter verkleinert werden kann, sitzt der Reiter durch Einknicken in der Hüfte nach außen um (die innere Schulter des Pferdes wird damit frei), sagt »Ho« und

nimmt dazu anfangs beide Zügel kurz an. Er führt die tiefstehende innere Hand (beidhändige Zügelführung) weit hinein und bewegt den äußeren Druckzügel am Hals auf und ab. Damit begrenzt er die Vorwärtsbewegung und stellt praktisch das innere Hinterbein »fest«. So läßt er das Pferd kurz drehen, bis er merkt, daß sich das innere Hinterbein von der Stelle bewegt. In dem Moment reitet er vorwärts–seitwärts (also schenkelweichenartig) aus der Drehung heraus. Dabei muß das innere Hinterbein wieder vermehrt das Gewicht tragen. Diese Übung – Verkleinern des Zirkels, Drehen, Vergrößern des Zirkels – wird mehrfach wiederholt. Der Reiter darf sich in der Drehung selbst nicht zu sehr auf eine Tempoverstärkung versteifen. Das Tempo stellt sich später fast von allein ein, wenn das Pferd genügend im Gleichgewicht ist und sicher auf dem inneren Hinterbein steht.

Bei fortgeschrittenen Pferden, die Probleme mit dem inneren Hinterbein haben, verkleinern viele Westernreiter den Zirkel auch mit nach außen gestelltem Pferd (also schenkelweichenartig) und stellen es erst mit Beginn der Drehung um. Eine weitere Möglichkeit ist, das Pferd aus dem Trab zu stoppen und sofort eine 180-Grad-Drehung zu verlangen – wieder 4–5 Tritte anzutraben, erneut zu stoppen und wieder eine Drehung in die gleiche Richtung etc. Mit jedem neuen Antraben muß das innere Hinterbein stark untersetzen und abdrücken, so daß das Pferd es schließlich richtig – unter seiner Körpermitte – positioniert. Diese Feinheiten des Spins jedoch nur am Rande, denn sie führen hier zu weit.

Einhändige Zügelführung

Ist der Bewegungsablauf von Hinterhandwendung bzw. Spin beim Pferd völlig gefestigt, kann einhändig geritten werden. Gefestigt bedeutet, daß das Pferd allein auf Gewichtsverlagerung nach außen sowie unter Umständen einen kurzen unterstützenden Schenkeldruck zur Wendung ansetzt, ohne nach vorne oder hinten weglaufen zu wollen. Der Zügel sollte dazu nicht angenommen werden müssen.

Trail

Trailübungen sind gerade für den Reitanfänger eine gute Gelegenheit, um sich mit seinem Pferd zusammenzuraufen. Da alle Trailhindernisse in sehr ruhigem Tempo im Schritt absolviert werden, hat der Reiter keine Probleme mit dem richtigen Sitz und kann sich voll auf die Hilfengebung konzentrieren. Außerdem lernt er dabei recht schnell, daß das Pferd schon auf kleine Nuancen in seiner Hilfengebung anders reagiert. Trailhindernisse, die sich ja hauptsächlich aus verschiedenen Kombinationen der Übungen Seitwärtstreten, Rückwärtsrichten und einer Vorwärtsbewegung im Schritt zusammensetzen, sind also eine gute Vorübung für die Feinabstimmung der Hilfen auch in den anderen Gangarten. Trail auf Turnieren wird immer häufiger auch im Trab und Galopp an knifflige Hindernisse herangeritten. Hier soll es jedoch nur um grundsätzliche Übungen gehen, die die Zusammenarbeit der beiden Partner Reiter und Pferd fördern sollen, wie es schon die Arbeit an der Hand getan hat.

Da es immer leichter ist, sich anhand von Bildern einen Bewegungsablauf einzuprägen, werden die gängigen Trailhindernisse anhand von Bildserien mit der Hilfengebung verdeutlicht. Alle Trailhindernisse sollen zuerst beidhändig geübt werden, da der Reiter mit beiden Händen schneller und effektiver korrigieren kann. Dies gilt auch dann, wenn das Pferd ansonsten schon gut mit einer Hand zu reiten ist. Für jede neue Übung wird auf die beidhändige Zügelführung mit Bosal, Trense oder Trainingsgebiß zurückgegriffen. Es erübrigt sich, bei der Beschreibung der Trailhindernisse zwischen beidhändiger und einhändiger Zügelführung zu trennen, denn der Bewegungsablauf in den Trailhindernissen setzt sich, wie schon erwähnt, aus den Teilschritten Rückwärtsrichten, Seitwärts, Vorwärts und evtl. Vorhandwendung und Hinterhandwendung zusammen, die alle schon im vorausgegangenen Teil im einzelnen beschrieben sind.

Wichtig beim Trailtraining ist, daß der Reiter die Ruhe behält und die Anforderungen nur sehr langsam steigert. Viele Pferde zappeln anfangs furchtbar in den komplizierteren Hindernissen herum, weil sie nervös werden und nicht mehr wissen, wo sie ihre Hufe hinsetzen sollen. Sie machen anfangs viel zu große Schritte und stoßen dauernd irgendwo an. Der Reiter sollte sie dann einfach ruhig stehenlassen. Dazu stellt er am besten jede Hilfengebung ein, auch korrigierende, um »Stangensalat« zu vermeiden. Nachdem sich das Pferd beruhigt hat, ist es sinnvoll, das Hindernis von einem Helfer wieder um das stehende Pferd herum aufbauen zu lassen, so daß mit der Übung dort weitergemacht werden kann, wo sie unterbrochen wurde. Falsch ist es, das Pferd irgendwie durch ein einmal begonnenes Hindernis durchreiten zu wollen, wenn es hektisch wird. Das ist allenfalls eine Notlösung auf dem Turnier. Zu Hause jedoch kommt es immer darauf an, daß das Pferd ruhig genug bleibt, um jede kleine Nuancierung in der Hilfengebung des Reiters wahrnehmen und befolgen zu können. Im folgenden sind verschiedene Trailhindernisse im einzelnen beschrieben:

3–4 Stangen im Schritt, Trab oder Galopp

Im Trab und Galopp müssen sie passend liegen (siehe auch Übungen an der Hand und an der Longe), im Schritt jedoch soll das Pferd hinschauen, und die Stangen können unpassend gelegt werden, z. B. auch fächerförmig, als Stangengitter oder auch ganz oder teilweise erhöht. Unter dem Reiter wird dabei genauso verfahren wie an der Hand und an der Longe (siehe Seite 65).

Schritt über ungleich liegende Stangen

Tor

Die korrekte Ausführung des Hindernisses »Tor« beinhaltet, daß der Reiter eine Hand beständig am Tor behält, während er es öffnet, durchreitet und wieder schließt. Das Pferd soll dabei den Teil des Tores, der gerade offen ist, mit seinem Körper abdecken (das hat den praktischen Sinn, daß kein Rind beim Öffnen des Tores hindurchschlüpfen darf). Das bedeutet also, daß das Tor prinzipiell einhändig geritten wird. Wichtig ist, sich vor dem Durchreiten des Tores den Bewegungsablauf einzuprägen – am besten durch Zuschauen bei einem Reiter, der die Übung beherrscht. Viele Anfänger machen nämlich den Fehler, das Tor anzureiten, zu öffnen – und dann auf einmal nicht mehr weiterzuwissen. Damit verunsi-

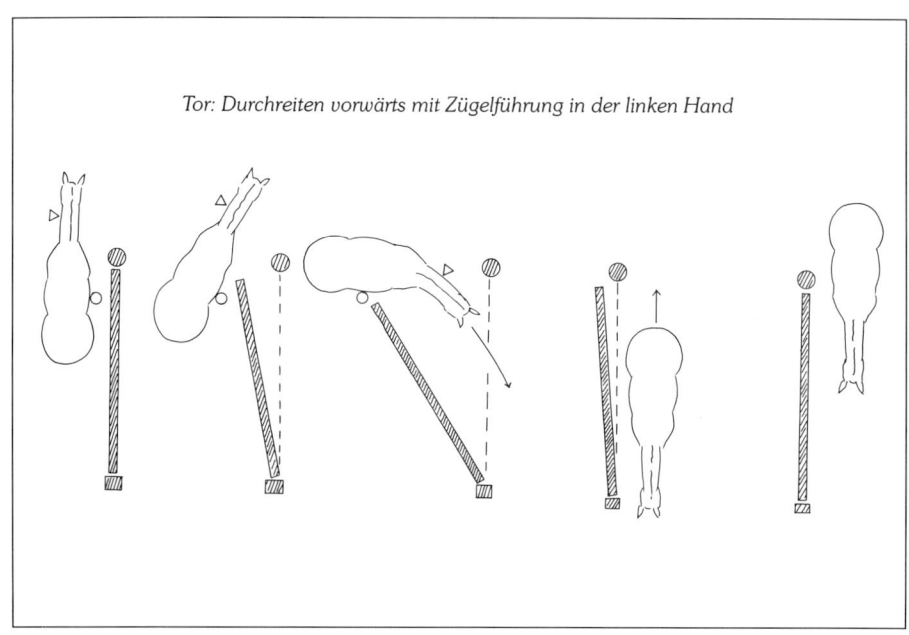

Tor: Durchreiten vorwärts mit Zügelführung in der linken Hand

Öffnen eines niedrigen Gartentores

chern sie natürlich das Pferd. Eine Variante, das Durchreiten vorwärts mit den Zügeln in der linken Hand, soll nun hier beschrieben werden.

Der Reiter hat die Zügel in der linken Hand. Er reitet so an das Tor heran, daß das Pferd parallel zum Tor steht und er mit der rechten Hand bequem den Riegel öffnen kann. Danach reitet er eine kleine Rechtswendung (fast eine Vorhandwendung), öffnet dabei das Tor und reitet am etwa 45 Grad geöffneten Tor entlang vorwärts, bis die Vorhand des Pferdes vor dem Torpfosten mit den Scharnieren steht. Die rechte Hand des Reiters greift dabei an der oberen Kante des Tores entlang in Richtung Scharniere. Der Reiter treibt schließlich mit dem rechten Schenkel das Pferd seitwärts nach links und schließt dabei das Tor. Zum Schluß richtet er parallel zum nun geschlossenen Tor rückwärts, um auch den Riegel wieder schließen zu können. Da der Reiter sich oft stark herunterbeugen muß (und dabei meist ungewollt – als Gegengewicht – den gleichseitigen Schenkel anlegt), um das Tor zu öffnen und zu schließen, wird das Pferd anfangs irritiert nach der torabgewandten Seite wegdrängeln. In diesem Fall soll der Reiter nicht krampfhaft versuchen, das Tor festzuhalten, sondern es loslassen, die Zügel mit beiden Händen führen und das Pferd wieder seitwärts an das Tor herantreiben (in diesem Fall mit Druck des linken Schenkels und Gewichtsverlagerung nach links). Es geht am Anfang nur darum, dem Pferd den Bewegungsablauf klarzumachen. Die richtige Ausführung – ohne das Tor loszulassen – folgt, wenn das Pferd weiß, was der Reiter überhaupt von ihm will.

Brücke/Wippe/Plane/Wasser

Das Überwinden von Stegen, Brücken und Wippen sowie das Durchqueren von Wasser bzw. das Überreiten von Planen ist reine Vertrauenssache. Bei guter vorbereitender Arbeit an der Hand wird fast jedes Pferd auch unter dem Reiter sofort darübermarschieren. Tut es das nicht, steigt der Reiter ab und führt das Pferd. Wippen können anfangs festgestellt werden, so daß sie nicht kippen. Läßt man sie dann das erstemal kippen, sollte man als Führender jedoch darauf gefaßt sein, daß das Pferd vor Schreck einen Riesensatz nach vorne macht – und seine eigenen Füße in Sicherheit bringen. Ein erfahrenes Pferd, möglichst ein Weidegenosse, welches dem »Angsthasen« eine Übung vormacht, ist eine große Erleichterung bei der Arbeit, besonders im Bereich Wasserdurchquerung und Wippe/Plastikplane.

Seitwärts über Stangen

Das Pferd sollte die reine Seitwärtsbewegung ohne Stange beherrschen, bevor mit dieser Lektion begonnen wird. Der Reiter läßt dazu das Pferd mit den Vorderbeinen über die Stange treten und gibt sofort danach das Kommando zum Halten (die Stange soll sich etwa unter dem Knie des Reiters befinden). Er läßt das Pferd eine Weile ruhig stehen und gibt dann die Hilfen zum Seitwärtstreten. Anfangs wird das Pferd versuchen, nach vorne wegzulaufen, was jedoch leicht durch Zupfen an beiden Zügeln zu korrigieren ist. Weiß das

Seitwärts über eine Stange – das Gewicht ist hier überdeutlich gegen die Bewegungsrichtung des Pferdes eingesetzt

Pferd, was es soll, so kann auch neben der Stange mit der Seitwärtsbewegung begonnen werden – ohne das Pferd erst über die Stange treten zu lassen.

Seitwärts über eine T-Form

Hier wird die gezeichnete Variante beschrieben.

Diese Übung ist nur sinnvoll, wenn das Pferd schon gelernt hat, mit einer Stange zwischen Vorder- und Hinterbeinen seitwärts zu treten, sowie Vorhandwendung und Hinterhandwendung beherrscht. Der Reiter beginnt mit einem Seitwärtstreten nach rechts, bis er zur Mitte kommt – dort verlangt er eine Vorhandwendung um 90 Grad nach rechts. Es folgt Seitwärtstreten nach rechts bis zum Ende der Stange,

ein kurzes Halten und gleich danach Seitwärtstreten nach links – wieder bis zur Mitte. Dort schließt sich eine Hinterhandwendung um 90 Grad an. Mit Seitwärtstreten nach links wird das Hindernis verlassen. Knifflig sind vor allem die Vorhandwendung und Hinterhandwendung in der Mitte, da der Reiter sehr genau wissen muß, wo sich Hinterbeine und Vorderbeine seines Pferdes befinden. Nur dann kann er die Hilfen zielgenau geben, so daß das Pferd weder bei der Hinterhandwendung mit den Vorderbeinen noch bei der Vorhandwendung mit den Hinterbeinen an die Stangen stößt. Es soll mit den Vorder- bzw. Hinterbeinen jeweils durch die 45 cm breite Lücke treten, ohne dabei eine der Stangen zu berühren. Diese Übung fördert in besonderem Maße die zentimetergenaue Kontrolle der Vorhand und Hinterhand des Pferdes durch den Reiter und das Gefühl des Reiters dafür, wo genau sich die Hufe des Pferdes gerade befinden. Dieses Gefühl zu entwickeln ist wiederum für Übungen aus anderen Bereichen – z. B. den Spin – sehr wichtig. Es gibt viele solcher Querverbindungen im Bereich des Westernreitens – deswegen sollte jeder Reiter bestrebt sein, möglichst vielseitig mit seinem Pferd zu arbeiten – und keinen »Fachidioten« aus dem Pferd zu machen.

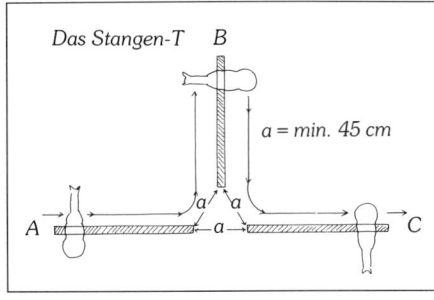

116

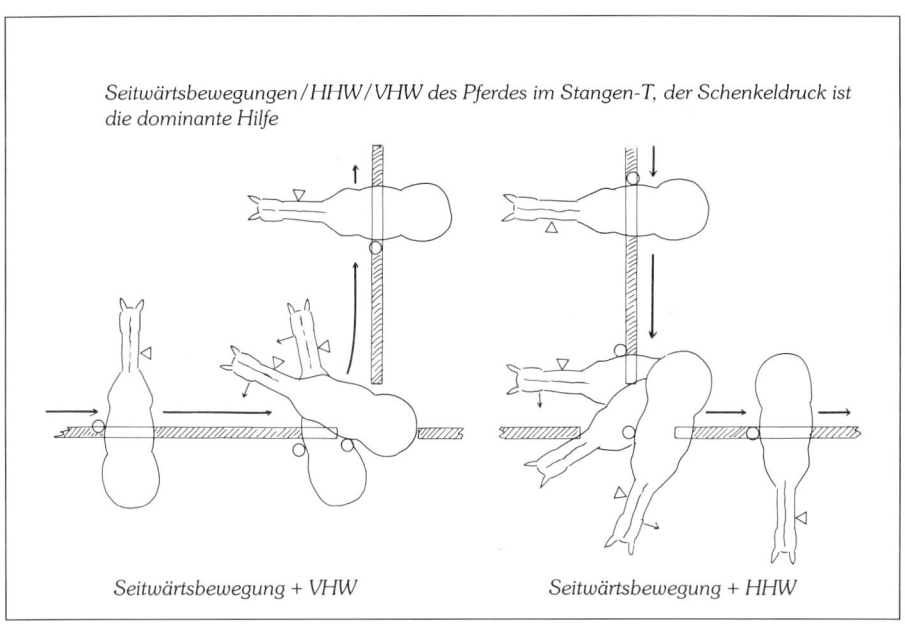

Seitwärtsbewegungen / HHW / VHW des Pferdes im Stangen-T, der Schenkeldruck ist die dominante Hilfe

Seitwärtsbewegung + VHW

Seitwärtsbewegung + HHW

Stangen-T – Hinterhandwendung

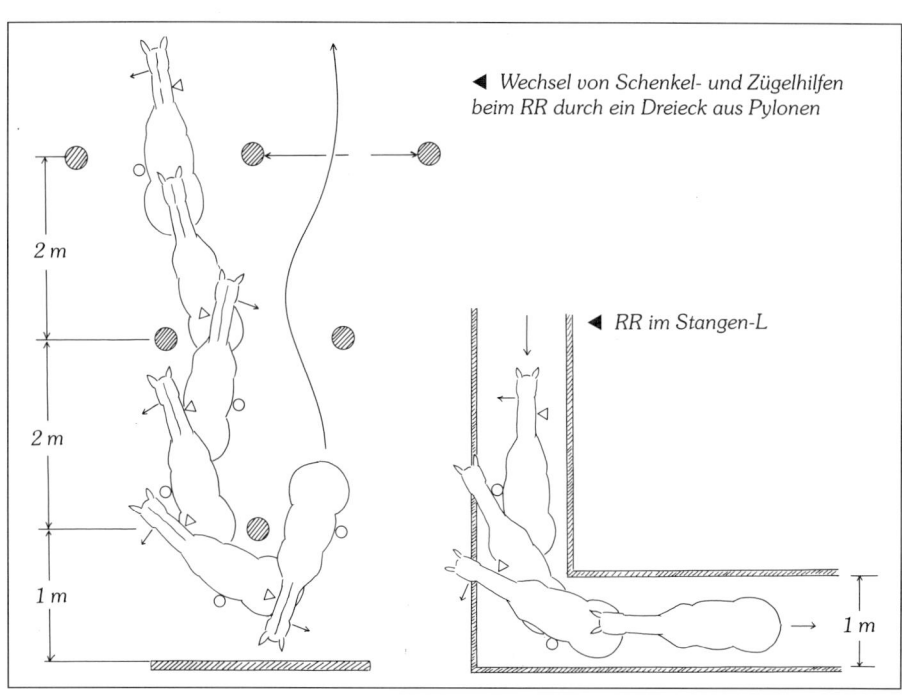

◄ Wechsel von Schenkel- und Zügelhilfen beim RR durch ein Dreieck aus Pylonen

◄ RR im Stangen-L

Rückwärts durch Pylone

118

Rückwärts durch eine L-Form / Rückwärts durch Pylone

Die Übungen des gelenkten Rückwärtsrichtens (siehe Kapitel Rückwärtsrichten) werden hier im Trail verwertet. Der Reiter muß sein Pferd zielgenau rückwärts in die Hindernisse »einfädeln«. Eine Wendung um 90 Grad, wie sie im L verlangt wird, wird nicht in Form einer Hinterhandwendung ausgeführt. Dazu liegen die Stangen zu dicht. Das Pferd muß vielmehr eine Mittelhandwendung ausführen, d. h. bei einer Wendung rückwärts nach rechts, tritt die Hinterhand nach rechts und die Vorhand gleichzeitig nach links. Der Reiter treibt also die Hinterhand mit dem linken, weit hinter dem Gurt treibenden Schenkel nach rechts und legt dabei den rechten Druckzügel an – zupft bei beidhändiger Zügelführung evtl. etwas am linken Zügel. Das Pferd bleibt bei dieser Drehung in der Rückwärtsbewegung. Das klingt nun alles furchtbar kompliziert. Das ist es jedoch gar nicht; sobald das Pferd begriffen hat, was es soll, braucht der Reiter die Hilfen nur noch anzudeuten. Die Rückwärtswendungen in den Pylonen sind prinzipiell die gleichen wie im L, nur daß es sich dabei nicht um 90-Grad-Wendungen handelt.

Quadrat

Innerhalb eines Quadrates aus 4 Stangen, welches mindestens 150×150 und höchstens 180×180 cm mißt, soll das Pferd eine 360-Grad-Drehung ausführen. Es ist dies wieder eine Mittel-

360-Grad-Wendung im Quadrat

handwendung, die sich aus jeweils abwechselnden Tritten für Vorhandwendung und Hinterhandwendung zusammensetzt. Mit den Trail-Übungen, bei denen eine Mittelhandwendung verlangt wird, wo also weder Vor- noch Hinterhand auf einem Punkt stehen bleiben, sollte man erst beginnen, wenn Vorhandwendung und Hinterhandwendung bei Pferd und / oder Reiter gefestigt sind. Sonst verwirrt man das Pferd.

Transportieren von Gegenständen

Das Transportieren von Gegenständen – Eimer, aufgespannte Regenschirme, für Fortgeschrittene auch Fackeln – ist ebenso wie das Schleppen oder Hinterherziehen von Gegenständen – Klappersäcken, Decken, etc. – reine Vertrauenssache. Es braucht nur die nötige Geduld seitens des Reiters, um dem Pferd klarzumachen, daß das, was verlangt wird, auch ungefährlich ist (siehe auch Seiten 54 bis 67).

119

Ground-Tying

Das Pferd muß ohne Reiter an einem bestimmten Punkt stehen bleiben. Der Reiter entfernt sich dabei vom Pferd. Signal für's Pferd ist ein lose herabhängender Zügel sowie das verbale Kommando zum Halten. Anfangs sollte man dies mit Halfter und herabhängendem Strick trainieren, damit sich das Pferd nicht im Maul verletzt, wenn es doch einmal dem Reiter hinterherlaufen will und dabei auf den Zügel tritt. Ein tief in den Boden eingegrabener Pflock, an welchen der Führstrick angebunden wird, kann anfangs helfen, dem Pferd begreiflich zu machen, daß das Kommando »Halt« auch verbindlich ist, wenn es – vermeintlich – frei steht und der Reiter sich entfernt.

Aus diesen o. g. Grundhindernissen können Varianten und Kombinationen gebildet werden, die jedoch erst sinnvoll sind, wenn das Pferd die Grundhindernisse sicher beherrscht:
Eine Brücke mit Stangen zum Darübertraben davor oder dahinter, eine Wippe mit anschließender 360-Grad-Wendung im Quadrat, Zickzackhindernisse aus Strohballen, Pylonen, Stangen, das Tragen oder Schleppen von Gegenständen durch Gassen etc. Der Phantasie sind wenig Grenzen gesetzt. Besonders mit »fertigen« Pferden empfiehlt sich das Training von Varianten, damit sie nicht nachlässig in den Routinehindernissen werden, den Hilfen des Reiters vorgreifen oder aus reiner Langeweile die Beine hängenlassen und überall anschlagen.

Ground-Tying am Halfter

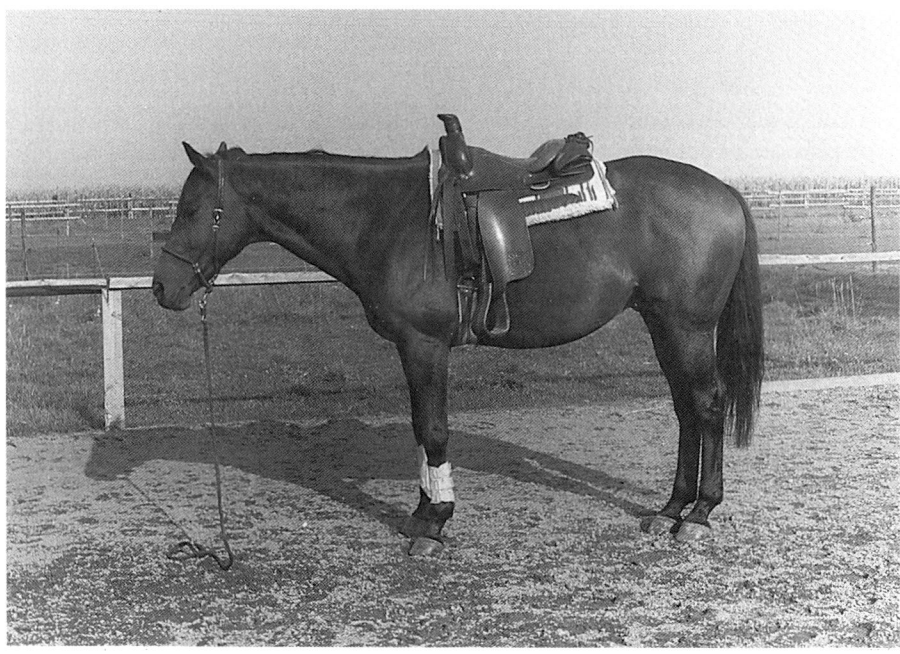

120

Springen im Westernsattel

Kleine Sprünge gehören auch beim Westernreiten dazu. In manchen Trailprüfungen wird z. B. ein einzelner kleiner Sprung aufgebaut. Der Westernsattel und der eher nach hinten orientierte Sitz des Westernreiters mit langen Bügeln ist jedoch nicht besonders gut für höhere Sprünge geeignet. Beim Westernreiten begnügt man sich dementsprechend mit kleinen »Hopsern« von 40–60 cm Höhe. Diese kleinen Sprünge lockern das Training in der Bahn auf, tragen zur Gymnastizierung der Hinterhand sowie zum Lösen der Pferde bei.

Wie in der englischen Reitweise geht der Reiter dabei mit dem Gesäß aus dem Sattel und gibt mit den Zügeln am Hals entlang Richtung Pferdemaul nach. Aus diesen beiden Bewegungen ergibt sich auch das Vorneigen des Oberkörpers über dem Sprung. Ein weites Vorneigen ist jedoch wegen des Sattelhornes nicht möglich. Die Unterschenkel bleiben an derselben Stelle, an der sie normalerweise liegen. Befindet sich der Reiter im leichten Sitz im Trab, so hat er wenig Schwierigkeiten, der Bewegung des Absprunges zu folgen, denn er hat seinen Schwerpunkt schon recht weit vorne. Er drückt nur die Knie vermehrt zu, um nicht aus dem Sattel katapultiert zu werden.

Wird aus dem Galopp gesprungen, so hat der Reiter im Westernsattel größere Schwierigkeiten, nicht hinter die Bewe-

Springen im Westernsattel

gung des Pferdes zu kommen (»hinter der Bewegung« bedeutet, daß er dem Vorgehen des Pferdes mit dem Hals mit seinem eigenen Vorneigen und dem Vorgehen mit der Hand nicht schnell genug folgt). Denn den leichten Sitz im Galopp gibt es im Westernsattel nicht – zumindest nicht in der Form, daß das Gesäß dabei aus dem Sattel erhoben wird. Der Reiter kann lediglich sein Gewicht etwas mehr auf die Oberschenkel verlegen und den Oberkörper leicht vorneigen. Das heißt, der Reiter sitzt bis zum Absprung mehr oder weniger gerade im Sattel – in dem gleichen Augenblick, in dem das Pferd abspringt, muß er blitzartig seinen Oberkörper vorneigen und mit der Hand vorgehen. Tut er dies nicht, so fällt er dem Pferd in den Rücken und ruckt am Zügel. Den richti-

gen Moment abzupassen, ist anfangs nicht einfach; deswegen ist es sinnvoller, Springübungen zuerst im Trab zu absolvieren.

In der englischen Reitweise ist es umgekehrt – durch den im englischen Sattel gut möglichen leichten Sitz im Galopp hat der Reiter weniger Schwierigkeiten, aus dem Galopp zu springen. Ein kleiner Sprung ist dort einfach ein verlängerter Galoppsprung – der Reiter kommt dabei nicht aus dem Rhythmus. Für Reiter, die trotz Westernreitweise gern öfter springen möchten, empfiehlt es sich, einen englischen Vielseitigkeitssattel oder auch einen Trachtensattel zu verwenden. Damit können sie ihr Pferd genausogut westernorientiert reiten, haben aber weniger Probleme beim Springen.

Galopp am losen Zügel

Selbstkontrolle

Jeder Reiter sollte frühzeitig lernen, sein eigenes Verhalten auf dem Pferd sowie seinen Umgang mit dem Pferd einzuschätzen. Viele Fehler können bei guter Grundausbildung durchaus vom Reiter selbst erkannt werden. »Richtiges« Reiten ist kein feststehender Begriff für formal richtige Bewegungen des Reiters, sondern läßt sich am Verhalten des Pferdes und an seiner Reaktion auf Aktionen des Reiters weitgehend ablesen.

Seinen eigenen Sitz kann der Reiter überprüfen, indem er einmal auf dem Pferd die Augen schließt (dazu läßt er sich am besten an die Longe nehmen, so daß er sich nicht darum zu kümmern braucht, wohin sein Pferd läuft), die Füße aus den Steigbügeln nimmt und die Zügel unangefaßt über den Hals des Pferdes legt. Kann er mit geschlossenen Augen in jeder Gangart anstrengungsfrei sitzen, spürt beide Gesäßknochen gleichstark und befindet sich nicht in Gefahr, nach irgendeiner Seite herunterzurutschen, so sitzt er richtig, und das Pferd ist locker und biegt sich entsprechend der Zirkelgröße richtig. Besonders auf einen lockeren Schultergürtel sollte der Reiter achten. Er kann dies tun, indem er ganz bewußt die Schultern fallenläßt. Erst dann merkt er meistens, daß er vor dieser Übung die Schulterblätter hochgezogen und versteift hatte.

Bewußte kurze Entspannungsübungen (z. B. das bewußte Hängenlassen einzelner Körperteile) auf dem Pferd sollte sich der Reiter zur Gewohnheit machen. Damit vermeidet er den schlimmsten Fehler – einen hölzernen, verkrampften Sitz – oder erkennt zumindest, daß er vorher hölzern gesessen hat. Gerade die richtige Hilfengebung beim Westernreiten baut ja auf dem Prinzip eines Impulses mit sofort nachfolgender Entspannung auf bzw. auf die zur Korrektur nötige ständige Wiederholung von Spannung und Entspannung. Fehlt die Entspannung der Muskeln des Reiters, so bleibt auch das Pferd gespannt. Dies gilt für jedes einzelne Körperteil, besonders aber für die Zügelhand.

Die Unterschenkel sollen sich aus dem Knie heraus möglichst frei bewegen und dementsprechend ihre Lage sehr schnell verändern können. Ob dies so ist, kann der Reiter an vielen Trailhindernissen und den Seitwärtsbewegungen des Pferdes erkennen, die es nur dann richtig ausführt, wenn der Unterschenkel an der richtigen Stelle eingesetzt wird.

Jede Art von Reiten, die nach Kraft und Anstrengung aussieht, ist falsch – insbesondere beim Westernreiten. Wenn der Reiter viel Kraft aufwenden muß, um eine bestimmte Übung mit dem Pferd auszuführen, so kann er davon ausgehen, daß er etwas falsch macht – oder daß das Pferd diese Übung noch nicht kann. Dauerndes Anschreien oder dauerndes Gewedel mit Gerte oder Peitsche beim Reiten oder Longieren ist fehlerhaft, denn es stumpft das Pferd ab bzw. macht es nervös – je nach Temperament. Bei einem normal ruhigen Umgang mit dem Pferd können ein gezielter – und berechtigter – Klaps mit der

Selbsthaltung

Gerte oder auch ein lautes Wort Wunder wirken. Bei einem Pferd, welches rüde Behandlung gewohnt ist, nutzt dies natürlich nichts. Auch dahingehend ist Selbstkontrolle möglich und wichtig. Jedes zu deutliche Verändern der Sitzposition auf dem Pferd, also z. B. ein weites »Herunterhängen« nach einer Seite oder ein zu weit nach hinten von der Senkrechten abweichender Oberkörper sind Zeichen eines steifen Pferdes oder falscher Einwirkung des Reiters (in manchen Reithallen hängen Spiegel, die zur Überprüfung des eigenen Sitzes sehr nützlich sind).

Jede Art von Taktfehler in den Gangarten des Pferdes ist häufig Zeichen einer fehlerhaften oder auch fehlenden Einwirkung des Reiters. Im einzelnen: Der *Schritt* soll losgelassen, raumgreifend und taktrein sein. Überprüfbar ist dies durch Reiten am hingegebenen Zügel. Der Reiter sollte weder treiben noch das Pferd zurückhalten müssen. Im *Trab* sollte das Tempo mühelos am losen Zügel kontrolliert werden können, ohne daß das Pferd dauernd getrieben werden muß. Sucht das Pferd eine Stütze und versucht, sich schwer auf den Zügel zu legen, so ist dies auf jeden Fall fehlerhaft. Jedes längere Zügelannehmen ist genauso fehlerhaft. Gangarten-Wechsel zum Schritt sowie Stops sollten mühelos durchführbar sein. Der Reiter soll anstrengungsfrei sitzen können, er darf nicht »geworfen« werden. Hat er Mühe, im Trab sitzenzubleiben, ist entweder das Tempo zu schnell oder das Pferd steif im Rücken. In Wendungen darf das Pferd den Reiter nicht »falsch setzen«. Hat der Reiter das Gefühl, in einer Wendung nach außen gezogen zu werden, so ist das Pferd steif, und der Reiter muß vermehrt in Biegeübungen mit ihm arbeiten. Auch in Wendungen muß der Reiter anstrengungsfrei sitzen können. Im *Galopp* gelten weitgehend die gleichen Kriterien wie im Trab. Im Galopp ist es jedoch besonders schwierig, im vom Westernreiter angestrebten ruhi-

Selbstkontrolle des Reiters durch Verzicht auf Zügeleinwirkung

gen Tempo zu reiten, ohne daß der klare Dreitakt des Galoppsprunges verlorengeht. Es kommt also darauf an, daß der Reiter die Schwebephase, in der sich kein Bein auf dem Boden befindet, immer deutlich herausfühlt. Im falschen Viertakt fängt das Pferd an zu laufen, statt weiterhin einen Sprung an den anderen zu reihen. Bei einer Verstärkung des Galopptempos soll das Pferd den Galoppsprung verlängern – d.h. die Schwebephase wird etwas länger, und der Raumgriff wird verstärkt. Der Takt bleibt wie im langsamen Galopp. Ein kurzer, abgehackter Galopp, bei dem nur die Hufe schneller aufgesetzt werden, ist fehlerhaft – auch wenn das Pferd durchaus schneller wird. Bei diesem abgehackten »Hasengalopp« fußt das Pferd meist mit beiden Hinterbeinen fast gleichzeitig ab – also taktunrein. Für alle Gangarten gilt, daß das Pferd bei passiv sitzendem Reiter ein gleichmäßiges, ruhiges Tempo gehen soll.

Der fortgeschrittenere Anfänger und etwas ehrgeizige Reiter neigt häufig dazu, zuviel von seinem Pferd zu verlangen. Deutliches Kriterium dafür ist, daß das Pferd bestimmte Übungen, die es schon gut konnte, plötzlich wieder viel schlechter ausführt. Es kann unwillig oder gelangweilt sein, weil der Reiter zu oft die gleiche Übung gefordert hat, sollte eine Weile in Ruhe gelassen und vielleicht ruhig im Gelände geritten werden. Auch wenn ein Pferd, welches sonst immer willig war, bei einer bestimmten neuen Aufgabe nicht mehr mitarbeiten will, so kann man davon ausgehen, daß es entweder noch nicht genug darauf vorbereitet – trainiert und gymnastiziert – wurde oder daß es gerade mit dieser Übung besondere Schwierigkeiten hat. Der Reiter muß nun überlegen, woran das liegen kann, und versuchen, evtl. auf Umwegen zum Ziel zu kommen. Wichtig ist, das Pferd bei Laune zu halten, es für seine Aufgaben zu interessieren – nur dann arbeitet es mit.

Arbeitserleichterung bei der Hinterhandarbeit und der Biegung

Das Training der Hinterhand ist oberstes Prinzip jeder Reitweise. Wie in den Kapiteln Gangartenwechsel und Wendungen schon teilweise beschrieben, arbeitet der Westernreiter dabei hauptsächlich mit einer sinnvollen Aneinanderreihung von Übungen, wie Gangartenwechsel, Tempowechsel, Stops, Rückwärtsrichten (eine Gymnastizierung des Pferdes erfolgt nur durch den ständigen Wechsel aus Spannung und Entspannung der Wirbelsäule des Pferdes sowohl bei der seitlichen Biegung als auch beim Verkürzen und Strecken der Wirbelsäule in Längsrichtung, während des Verkürzens und des Verstärkens des Tempos in den verschiedenen Gangarten sowie beim Gangartenwechsel). Alle Übungen, die kombiniert werden, muß das Pferd natürlich erst einmal einzeln gelernt haben. Sie sind in den jeweiligen Abschnitten beschrieben. Bevor mit Tempo- und Gangartenwechseln begonnen wird, muß das Pferd erst gelernt haben, gleichmäßiges Tempo in den Grundgangarten zu gehen. Und der Reiter muß gelernt haben, gleichmäßiges Tempo zu erkennen und zu erhalten, wenn er es wünscht. In diesem Kapitel sollen nun gängige Übungen und Übungs-Kombinationen sowie künstliche Hilfen aufgezeigt werden, die das vermehrte Untersetzen der Hinterhand des Pferdes zum Ziel haben, ohne daß der Reiter viel mit dem Zügel arbeiten muß.

Angaloppieren aus dem Schritt

Sobald das Pferd die Galopphilfen versteht, sollte überwiegend aus dem Schritt – und nur selten aus dem Trab – angaloppiert werden. Im Trab neigen viele Pferde dazu, erst einmal schneller zu werden und in den Galopp hineinzulaufen. Dies hat zur Folge, daß sie ihren Schwerpunkt schon recht weit nach vorne verlegt haben; es fällt ihnen entsprechend schwerer, gleich einen langsamen, gesetzten Galopp zu gehen, da sie im Galopp ihren Schwerpunkt erst wieder zurücknehmen müssen. Galoppiert man aus dem Schritt an, so muß das Pferd sofort seine Hinterbeine gut unterschieben, um überhaupt den Galoppsprung zu beginnen – und befindet sich schon im gesetzteren Galopp. Der Anfänger auf einem ausgebildeten Pferd sollte immer aus dem Schritt angaloppieren: Er kann so erstens die Galopphilfen sehr viel präziser geben als im Trab. Zweitens hat er weniger Probleme mit dem Sitz, wenn das Pferd im Galopp langsam und geregelt bleibt und nicht, wie oft bei unpräzisen Hilfen aus dem Trab zu sehen, in den Galopp hineinrennt – und im schnellen »Schlachtertrab« schon nicht mehr zu sitzen ist.

Die Galopphilfe aus dem Schritt sollte in dem Moment gegeben werden, in dem die äußere Schulter des Pferdes sich in Bewegung setzt. In diesem Moment hat der äußere Vorderfuß abgefußt und macht dem äußeren Hinterfuß Platz. Der äußere Hinterfuß beginnt den Galoppsprung auf der richtigen Hand (siehe Fußfolgen). Das Pferd galoppiert also automatisch richtig an, wenn die Galopphilfe zur rechten Zeit erfolgt.

Tiefes Ausreiten der Ecke – das Pferd nimmt vor der Ecke fast von selbst sein Tempo zurück – es tritt in der Ecke mit dem inneren Hinterbein weit unter – die Biegung ergibt sich durch die Bandenbegrenzung fast von allein – nach der Ecke muß es vermehrt wieder antreten.

Häufiges Angaloppieren

Dies dient der Förderung des ruhigen, taktreinen, gesetzten Galopps.

Pferde, die im Galopp stürmen – aber auch solche, die die Beine hängenlassen und zum falschen Vierschlaggalopp neigen, sollten häufig aus dem Schritt oder Halten neu angaloppiert werden. Dabei müssen sie jeweils die Hinterbeine gut untersetzen. Sobald sie zu schnell werden wollen oder die Hinterbeine hängenlassen, fordert der Reiter einen Gangartenwechsel zum Schritt (bei Pferden, die das noch nicht können, erst zum Trab, dann zum Schritt), läßt faule Pferde kurz und hektische ruhig eine ganze Runde im Schritt gehen und galoppiert sie dann neu an. Das wiederholt man eine Weile, bis die Pferde längere Zeit im gewünschten ruhigen Galopp bleiben. Sinnvoll ist es auch, stürmende Pferde auf dem Zirkel zur geschlossenen Seite – also mit Blick auf die Bande – anzugaloppieren. Mit der Umzäunung vor Augen stürmen die meisten Pferde nicht gleich los – und der Reiter spart sich Einwirkung mit dem Zügel.

Ausreiten der Bahnecken

Das Ausreiten der Bahnecken fördert die Biegung.

Die Ecken der Bahn sollen in jeder Gangart tief ausgeritten werden – der Reiter treibt dabei mit dem inneren Schenkel kurz am Gurt. Vor der Ecke wird das Tempo etwas verringert (das geht fast automatisch, weil das Pferd vor sich ja die Reitbahnbegrenzung sieht). In der Ecke muß das Pferd, bedingt durch die Wendung, den inneren Hinterfuß vermehrt zum Tragen einsetzen. Nach der Ecke muß es mit beiden Hinterbeinen vermehrt wieder antreten, um das vorher verringerte Tempo wieder zu steigern. Durch das vermehrte Untertreten geht das Pferd auch fast automatisch in akzeptabler Haltung (Head Set): es macht den Rücken rund und senkt den Kopf, weil es anders gar nicht vermehrt untertreten kann (auch ein Mensch, der den Rücken zum Buckel krümmt, kann nur sehr schwer den Kopf heben). Das Eckenausreiten ist natürlich nichts anderes als eine Wendung, wie sie im entsprechenden Kapitel beschrieben wird. Die Erleichterung besteht schlicht und einfach in der Begrenzung durch die Bande, die es dem Pferd nicht erlaubt, aus der Wendung nach außen herauszudrängeln. Durch leichtes Zupfen am inneren Zügel und Anheben der inneren Hand wird das Pferd dabei nach innen gestellt.

Wendungen zur Bande

Sie fördern die Biegung und die Hinterhand-Arbeit (siehe auch Roll Backs). Das Pferd kann nach vorne nicht ausweichen. Der Reiter spart sich Einwirkung mit dem Zügel. Hat er das Pferd einmal richtig gestellt, bleibt es normalerweise die ganze Wendung in der richtigen Stellung.

Anhalten – Rückwärtsrichten – daraus Antraben oder Angaloppieren

Diese Übung wird mehrmals hintereinander wiederholt. Je nach Ausbildungsstand des Pferdes kann sie im Trab oder im Galopp ausgeführt werden.
Nach dem Rückwärtsrichten hat das Pferd seine Hinterbeine gut unter sich stehen – soll es aus dieser Stellung antraben oder angaloppieren, so befinden sich die Hinterbeine in der idealen Stellung, um sofort das Hauptgewicht der Reiter-Pferd-Kombination zu tragen. Durch mehrmaliges Wiederholen der Lektion hat das Pferd kaum Zeit, während der Trab- oder Galopp-Phase

nachlässig mit der Hinterhand zu werden, denn es folgt schon bald der nächste Stop, der ja wiederum starken Hinterhand-Einsatz verlangt. Bei Pferden, die den Stop aus dem Galopp noch nicht können, kann auch ein einfacher Gangartenwechsel in den Trab oder Schritt mit nachfolgendem Stop aus dem Schritt oder dem Trab gemacht werden. Der wichtige Teil der Übung ist das sofortige Antraben oder Angaloppieren aus dem Rückwärtsrichten. Bei nervösen Pferden soll sowohl die Trab- bzw. Galopp-Phase als auch das Anhalten viel länger dauern als bei faulen, phlegmatischen Pferden. Bei faulen Pferden kann man anfangs auch durch einen Klaps mit der Gerte nachhelfen, wenn die Hilfe zum Antraben oder Angaloppieren nach dem Rückwärtsrichten nicht prompt befolgt wird. Bei nervösen Pferden ist dies eher schädlich. Sie warten meist sowieso übereifrig darauf, daß es weitergeht. Wichtig ist nach solchen Übungen immer eine Pause im Schritt, bei der sich das Pferd wieder beruhigen kann.

Tempowechsel mit Hilfe der Bande

Den im entsprechenden Kapitel erwähnten Tempowechsel kann man sich auch mit Hilfe der Bande erleichtern. Man verlangt ihn z. B. anfangs vor einer Ecke, in der das Pferd die Bande direkt vor Augen hat und meist von selbst verlangsamt (siehe tiefes Ausreiten der Ecken, Seite 127), und auf dem Zirkel zur geschlossenen Seite, wenn das Pferd die Bande vor sich sieht.

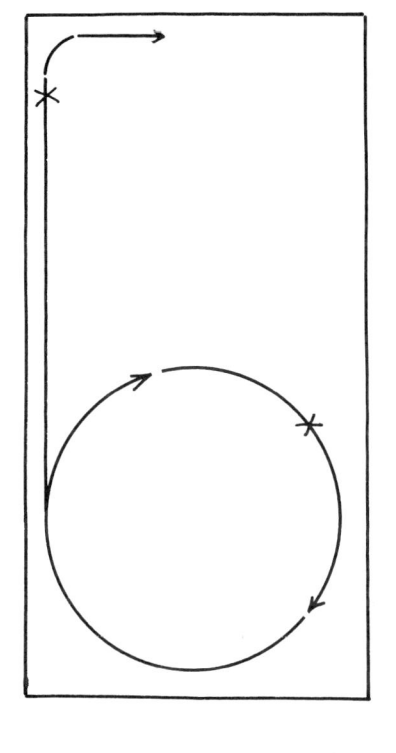

Erleichterte Tempoverlangsamung an den mit x bezeichneten Stellen

Kleine Sprünge aus Schritt und Trab

Kleine einzelne Sprünge (etwa 40–50 cm hoch), die aus dem Trab, später auch aus dem Schritt, angeritten werden, trainieren die Hinterhand stark. Im Trab muß der Reiter darauf achten, nicht zu schnell anzureiten, denn gerade das Abdrücken aus dem langsamen Tempo ist besonders anstrengend für das Pferd – und hat den besten Trainingsnutzen. Im Schritt ist es recht schwer – speziell im Westernsat-

tel –, nicht hinter die Bewegung zu geraten. Es ist sinnvoll, den Oberkörper schon vor dem Sprung etwas vorzuneigen, etwas mehr auf dem Oberschenkel zu sitzen und evtl. mit einer Hand ans Sattelhorn zu fassen, um dem Pferd nicht in den Rücken zu fallen. Eine gute Gehorsamsübung für Fortgeschrittene ist es, das Pferd kurz nach dem Sprung zu stoppen oder die Hilfen zum Schritt zu geben.

Stops mit Hilfe der Bande

Macht ein Pferd Schwierigkeiten beim Stop aus Trab oder Galopp (obwohl es ihn aufgrund seines Ausbildungstandes kann), setzt es also seine Hinterbeine nicht unter, sondern läuft langsam aus oder reagiert nicht auf leichtes Zupfen am Zügel, so läßt man es gegen die Bande stoppen. Bei faulen Pferden treibt man dabei, läßt den Zügel hängen (damit der Zügel keine Stütze bietet) und gibt nur das verbale Kommando und die Gewichtshilfe zum Stop. Das Pferd wird, wenn es nur halbwegs intelligent ist, seine Hinterbeine untersetzen und stoppen. Andernfalls würde es gegen den Zaun prallen. Bei einem hektischen Pferd treibt man nicht, sondern läßt es nach dem verbalen Kommando zum Stop und entsprechender Gewichtsverlagerung einfach am losen Zügel geradeaus gegen die Bande laufen. Dies sind jedoch reine Korrekturmaßnahmen, die auch nur zur Korrektur der Hinterhand beim Stop und nicht als Dauer-Trainingsmethode eingesetzt werden sollen.

Seitwärtsbewegung mit Hilfe der Bande

Damit sich das Pferd anfangs der Seitwärtsbewegung nicht nach vorne entziehen kann, wird es im Winkel von 45 Grad vor die Bande gestellt und seitwärts getrieben. Der Reiter spart sich dabei vermehrte Einwirkung mit den Zügeln.

Wendungen um sichtbare Punkte

Besonders für junge Pferde, aber auch für etwas abgestumpfte ältere Pferde ist es sinnvoll, Wendungen um für das Pferd erkennbare Mittelpunkte zu reiten, z. B. um Tonnen, Sprungständer oder einzeln stehende Bäume etc. Das Pferd sieht dann eher einen Sinn in der Übung und wird leichter reagieren. Auch für den Reiter ist es manchmal hilfreich, sich, besonders auf großen Plätzen, anfangs an einem sichtbaren Mittelpunkt zu orientieren.

Kopf geben lassen

Um die Reaktion auf den stellenden inneren Zügel sowie die Biegsamkeit des Halses beim Pferd zu verbessern, lassen sich die Westernreiter »den Kopf geben«. Das bedeutet, daß sie das stehende Pferd im Hals so stark biegen, daß es mit der Nase das Knie des Reiters berührt. Die innere Hand des Reiters wird dabei in einem Bogen etwa in Höhe der Nase des Pferdes Richtung

Um sichtbare Mittelpunkte (Tonne) herumreiten

Starkes Abstellen im Hals (Kopf geben lassen)

Knie des Reiters geführt. Besonders das steife Pferd wird natürlich versuchen, mit der Hinterhand wegzutreten und sich der starken Halsbiegung damit zu entziehen. Durch das energisch gegebene verbale Kommando zum Halten und Schenkeldruck auf der Seite, auf der die Hinterhand wegdrängelt, korrigiert man dies. Anfangs gibt man sich mit wenig Abstellung im Hals zufrieden. Später steigert man vorsichtig – immer jeweils so viel, bis das Pferd wieder mit der Hinterhand wegtreten will. Ein Lekkerbissen, den der Reiter in Kniehöhe hält, ist dabei recht hilfreich.

In den Halsmuskel kneifen

Bei Pferden, die die Muskeln des Unterhalses nach vorne drücken und dazu neigen, den Rücken etwas wegzudrükken (der Reiter merkt es daran, daß er schlecht sitzen kann – das Pferd wirkt hölzern), kann man mit der Hand in den oberen Halsmuskel kneifen. Dies kann im Halten und in allen Gangarten geschehen, wobei es im Trab im leichten Sitz am effektivsten ist. Die meisten Pferde reagieren nach anfänglichem Wehren und Gegendrücken mit einem

In den Halsmuskel kneifen

Senken von Hals und Kopf und dementsprechend einer Entspannung der Rückenmuskulatur, ohne daß der Reiter mit Schenkeln und Zügeln einwirken muß.

Das Temperament des Pferdes berücksichtigen

Faule Pferde werden durch häufige Tempowechsel, Stops und erneutes Anreiten etc. in kurzen Intervallen »geweckt« und gehen nach solcher Arbeit besser vorwärts. Nervöse Pferde werden am besten lange in gleichem, ruhigem Tempo geritten, weil sie sich durch gleichmäßige Bewegung beruhigen.

Die oben beschriebenen Tricks und Erleichterungen der Arbeit beziehen sich hauptsächlich darauf, daß der Zügeleinsatz auch bei neuen Lektionen, Korrekturen oder Schwierigkeiten auf ein Minimum beschränkt wird. Die Bande der Reitbahn ist dabei ein wichtiges Hilfsmittel. Sie soll jedoch Hilfsmittel bleiben. Der Reiter muß nach einiger Zeit, wenn sich die Reaktionen des Pferdes auf bestimmte Reiterhilfen mit Hilfe der Bande gefestigt haben, auf die Bande verzichten können.

Artgerechte Haltung des Pferdes und ihre Vorteile

Eine vernünftige, der Natur des Pferdes gemäße Haltung bringt in jeder Reitweise Vorteile. Insbesondere der Westernreiter, der die minimale Hilfengebung anstrebt, kann davon profitieren. »Was ist denn nun genau artgemäße Haltung?«, wird sich mancher fragen. Dem Pferd am angemessensten ist ganzjährige Offenstallhaltung, d. h. eine große Weide und/oder ein großer Sandauslauf plus ein windgeschützter, trockener Unterstand. Dies ist jedoch erstens aus Platzgründen oft nicht möglich. Zweitens hat diese Form der Haltung hinsichtlich der Verfügbarkeit der Pferde zum Reiten – besonders im Winter – einige Nachteile. Sinnvoll ist meist eine Kompromißlösung: Auslauf und/oder Weidegang am Tag und Boxenhaltung für die Nacht.

Falls das nicht möglich ist, sollte sich das Pferd wenigstens stundenweise auf einem Auslauf oder einer Weide frei – möglichst mit Artgenossen – bewegen können.

Eine wenigstens annähernd artgerechte Haltung hat folgende Vorteile:

1. Das Pferd ist ausgeglichener, weil es Bewegungs-, Spiel- und Sozialtrieb ausleben kann. Seine natürliche Neugierde wird befriedigt, da es beständig am Geschehen außerhalb teilnehmen kann.
2. Das Pferd trainiert sich beim Spiel mit Artgenossen selbst eine gewisse Grundkondition an.
3. Das Pferd ist locker. Bei einem Weidepferd ist die anfängliche Verspanntheit unter dem Reiter nie so ausgeprägt wie bei einem Stallpferd. Untugenden, wie Buckeln, vom Reiter nur schlecht zu kontrollierendes Tempo oder Steigen aufgrund von Verspannungen oder Übermut entfallen gänzlich. Desgleichen oft das leidige Scheuen im Gelände, denn das Pferd hat auf der Koppel gelernt, zwischen »gefährlich« und »ungefährlich« zu unterscheiden. Schaut ein Stallpferd den ganzen Tag seine Boxenwände an, wird es also nicht oft mit Neuem konfrontiert, so erschrickt es naturgemäß sehr viel schneller vor Unbekanntem.
4. Das Verhältnis zwischen Pferd und Reiter ist von vornherein entspannter. Der Reiter hat keine Angst vor dem Pferd, weil es nicht dauernd unberechenbar für ihn reagiert und sitzt entsprechend lockerer oben. Das Pferd reagiert darauf seinerseits mit Losgelassenheit. Ein verspannter Reiter dagegen überträgt seine Anspannung auf das Pferd – es verspannt sich ebenfalls, scheut vielleicht sogar, weil es die Angst seines Reiters spürt.
5. Die Minimalhilfengebung funktioniert nur auf einem lockeren Pferd – der Reiter sollte also alle Hilfsmittel, die das Pferd lösen und lockern, in Anspruch nehmen – auch die artgerechte Haltung.

Freizeit und Sport mit Westernpferden

Eine Ausbildung von Reiter und Pferd im Westernstil bietet ein vielseitiges Betätigungsfeld. Im Bereich des Wanderreitens hat das Training von Reiter und Pferd in Richtung vertrauensvoller Zusammenarbeit bei minimalen Hilfen sowie die Erziehung des Pferdes zum absoluten Gehorsam große Vorteile gegenüber der klassischen Ausbildung. Die einhändige Zügelführung macht sich besonders beim Mitführen von Hand- oder Packpferden bezahlt. Für den reinen Wanderreiter ist es jedoch unter Umständen sinnvoll, die schweren Westernsättel durch leichtere Trachtensättel zu ersetzen, also die Westernausrüstung für seine Zwecke zu modifizieren. Auch ein Mischen der Westernreitweise mit Lektionen der englischen Reitweise je nach den persönlichen Erfordernissen kann für viele Wander- und Geländereiter sinnvoll sein. Beide Reitweisen können sich durchaus ergänzen.

Für den Westernreiter mit sportlichen Ambitionen gibt es eine Vielzahl von Turnierdisziplinen oder auch sogenannten Trailritten und Reiterrallyes, an denen er teilnehmen kann. Nachfolgend eine kurze Zusammenfassung der Turnierdisziplinen und ihrer Anforderungen:

Für alle Prüfungen gilt: 3- und 4jährige Pferde werden beidhändig mit Bosal oder Snaffle-Bit vorgestellt, 5jährige und ältere Pferde einhändig auf gebrochene oder ungebrochene Kandare. Daneben gibt es Anfänger-Prüfungen, bei denen auch ältere Pferde beidhändig geritten werden dürfen.

Western-Pleasure

Diese Prüfung wird in der Gruppe (meist etwa 10–15 Reiter) geritten. Die Pferde werden in den Grundgangarten vorgestellt. Möglichst langsames Tempo und loser Zügel sind erwünscht.

Der reine Takt der einzelnen Gangarten darf durch das langsame Tempo nicht beeinträchtigt werden. Zusätzlich wird meist Rückwärtsrichten gefordert sowie manchmal Stops aus dem Galopp oder Trab und ab und zu eine Tempoverstärkung im Trab. Pferde mit höherem Grundtempo dürfen überholen.

Bewertet werden die Reinheit der Gänge (flache, gleitende Gänge sind gefragt), die Harmonie zwischen Reiter und Pferd, unsichtbare Hilfengebung und der Gesamteindruck. Will man einen Vergleich anstellen zu englischen Turnierdisziplinen, so handelt es sich dabei um ein Zwischending aus Einfachem Reiterwettbewerb und Materialprüfung.

Trail

Im Trail wird ein Parcours aus den verschiedenen Trailhindernissen (siehe Seiten 112 bis 120) aufgebaut. Neuartige Kombinationen können immer wieder neben drei Pflichthindernissen überraschen. Die Gangarten zwischen den Hindernissen sind vorgeschrieben. In schwereren Trails wird meist kein Schritt mehr zwischen zwei Hindernis-

Trail

sen geritten, sondern nur noch Trab und Galopp, was erhöhte Anforderungen an die Aufmerksamkeit der Pferde stellt, da manchmal bis direkt vor knifflige Stangenhindernisse, bei denen es auf Zentimeterarbeit ankommt, galoppiert wird. Bewertet wird die Flüssigkeit der Bewegungen in den Hindernissen, unsichtbare Hilfengebung und ein aufmerksames, vorsichtiges Pferd. Jedes Anstoßen von Stangenhindernissen, das Loslassen des Tores, Gangartenfehler, sichtbarer Ungehorsam etc. werden mit Punktabzug bestraft.

Reining

Reining ist die Westerndressur. Die Lektionen Roll Back, Spin, Fliegender Wechsel, Speed Control auf dem Zirkel und Sliding Stop werden in verschiedenen Aufgaben (pattern) aneinandergereiht. Grundgangart dieser Prüfung ist der Galopp in recht hohem Tempo. Besonders vor einem Stop werden oft sogenannte Run Downs gefordert, bei denen das Pferd auf schnurgerader Linie beschleunigen soll, bis die Hilfen zum Stop gegeben werden. Pluspunkte gibt es für schöne kreisrunde Zirkel, deutliche Tempounterschiede, flüssige Spins, lange Stops und saubere fliegende Wechsel. Besonderer Wert wird darauf gelegt, daß alle Manöver genau am vorgeschriebenen Punkt erfolgen. Bei genügend großen Plätzen sollen alle Lektionen mindestens 3 m von der

Bande entfernt ausgeführt werden. Der Zügel sollte lose sein.

In der Anfänger-Reining ist ein langsameres Grundtempo im Galopp vorgeschrieben und einfache Galopp-Wechsel statt fliegender (wobei sie aber erlaubt sind). Statt der Spins genügt eine langsamere Hinterhandwendung.

Western-Riding

Western-Riding ist eine Prüfung, bei der besonderer Wert auf die fliegenden Wechsel gelegt wird. Es handelt sich um eine Kombination aus Trail- und Reiningelementen. Der Reiter beginnt mit dem Öffnen, Durchreiten und Schließen eines Tores, trabt über eine einzelne Stange, galoppiert schließlich an und in Schlangenlinien um Pylone herum, mit jeweils einem fliegenden Wechsel in der Mitte zwischen zwei Pylonen. Es schließen sich Schlangenlinien durch die ganze Bahn an, mit jeweils einem fliegenden Wechsel auf der Mittellinie sowie einem verlängerten Galoppsprung über eine Stange. Ein gerader Galopp auf der Mittellinie mit einem Stop im Mittelpunkt und anschließendem Rückwärtsrichten beenden die Prüfung. Das Galopptempo soll hier im Gegensatz zur Reining sehr ruhig sein.

Western-Horsemanship

Diese Prüfung besteht aus einer »Mini-Reining« in ruhigem Tempo, welche meist nur aus 4–5 Lektionen besteht. Die besten Reiter dieser Kurz-Aufgabe reiten anschließend eine kurze Railwork (= Western Pleasure). Beispiel für die Kurzaufgabe: Es werden drei Pylone in einer Reihe als Markierung aufgestellt. Am ersten soll der Reiter rechts angaloppieren, am zweiten (etwa nach drei bis fünf Galoppsprüngen) stoppen, einen Spin nach rechts zeigen, dann links angaloppieren bis zum dritten Pylon, dort wieder stoppen und rückwärtsrichten. Erschwerend kommt hinzu, daß alle Reiter der Prüfung dabei in der Bahn sind, in einer Reihe stehen und auf ihren Start warten müssen. Die Pferde können also nicht direkt vor der Aufgabe warmgeritten werden.

Super Horse

Diese Prüfung ist die »Western-Vielseitigkeit«. Sie enthält alle wesentlichen Elemente aus Trail, Pleasure, Reining und Western-Riding in einem festgesetzten Parcours.

Cutting

Die Arbeit des Pferdes an der Rinderherde. Das Pferd soll ein ihm vom Reiter bezeichnetes Rind aus der Herde aussondern und ihm – möglichst selbständig ohne Einwirkung des Reiters – den Weg zur Herde zurück verwehren.

Working Cowhorse

Eine Prüfung, die aus »Dry Work« und »Fence Work« besteht. Ersteres bezeichnet eine Reiningaufgabe. Im zweiten Teil der Prüfung, dem Fence Work, muß das Pferd ein einzelnes Rind an der Bande mehrmals stoppen und es dann in eine Figur 8 dirigieren.

Daneben gibt es noch die Disziplinen Barrel-Race und Pole-Bending. Beide werden nach Zeit geritten. Es geht darum, Tonnen bzw. Stangen in einem vorgeschriebenen Kurs möglichst schnell zu umrunden. Beide Prüfungen halte ich für gefährlich, da man sich, trainiert man so etwas, sehr schnell ein

Turnierdisziplin Working Cowhorse

hektisches Pferd heranzieht, welches nur noch rennen will.

Im spielerischen Bereich gibt es jedoch noch einige interessante Dinge, z.B. das in Form einer Pleasure gerittene Spoon'n'Egg-Race, bei dem derjenige gewinnt, der am längsten beim Reiten ein Ei auf einem Löffel balanciert. Oder das Dollar Bill Race, bei dem dem Reiter ohne Sattel eine symbolische Dollarnote unter den Allerwertesten geklemmt wird. Derjenige, der sie am längsten behält, hat gewonnen. Auch dieses Spiel wird in allen Gangarten geritten – es zeigt sich, welches Pferd wirklich bequem zu sitzen ist. Oder das

Ribbon Race, bei dem zwei Reiter, die zwischen sich ein dünnes Papierband halten, nebeneinander eine markierte, möglichst verwinkelte Strecke reiten müssen, ohne das Band zu zerreissen. Diese Spiele werden auch oft bei Veranstaltungen für Freizeitreiter oder Reiterrallyes ausgeschrieben. Damit sind wir beim Punkt Trailritte und Rallyes: ein weites Betätigungsfeld für Reiter, die Wettbewerbe nicht gar so ernst nehmen wie die Turnierreiter. Der Spaß steht im Vordergrund, Geschicklichkeitsübungen sind Trumpf – und ein vernünftig ausgebildetes Westernpferd hat bei so etwas immer gute Chancen.

Ein letzter Punkt sollte noch erwähnt werden: Auch für den eingeschworenen englischen Reiter bieten die Ausbildungsmethoden des Westernreitens unter Umständen Lösungen für Probleme, die sich in der englischen Reitweise ergeben können. Beispielsweise können im Maul verdorbene Pferde manchmal auch für die englische Reitweise mit einem Bosal oder einem Trainingsgebiß mit Doppelzügel korrigiert werden. Oder ein Pferd, welches sich bei Paraden auf die Hand legt, wird eine Weile ohne Zügelanlehnung geritten und auf verbale Kommandos »umgepolt«, bis es vergessen hat, daß man sich bei Paraden in der Reiterhand abstützen kann. Natürlich erfordert so eine vorübergehende Umstellung viel Zeit, doch danach kommen die Paraden umso besser durch, und die Zügelanlehnung ist weicher und leichter. Auch die diversen Tricks mit der Bande, wie sie im Kapitel Arbeitserleichterung beschrieben werden, können ohne weiteres auf die englische Reitweise übertragen werden. Die Minimierung der Zügelhilfen auch bei einem Pferd, welches englisch – mit leichter Zügelanlehnung – geritten wird, kann prinzipiell genauso erfolgen wie beim Training des Westernpferdes, nur daß der Zügel in den Phasen, in denen der Reiter keine Hilfen gibt, minimal ansteht.

Die Grundausbildung des Westernpferdes unterscheidet sich fast nur in der Prämisse des losen, nicht anstehenden Zügels von einigen Methoden in der englischen Grundausbildung – vor allem, wenn es sich um nervöse, hochblütige Pferde handelt.

Betrachtet man die Ausbildung des kalifornisch gerittenen Westernpferdes, so sind die Parallelen zur spanischen Reitweise und damit zur klassisch-englischen Methode auch beim fertig ausgebildeten Pferd noch gut sichtbar.

Wie schon im Vorwort erwähnt, ist es hauptsächlich das Ziel der Ausbildung, was den Unterschied beider Reitweisen ausmacht. Es ist jedoch durchaus möglich, die Westernmethode in Richtung der englischen Zielsetzung der Versammlung und Kadenz des Pferdes zu modifizieren. Umgekehrt ist die englische Methode, das Pferd an die Hilfen zu stellen, z. B. als Korrektur beim problematischen Westernpferd einzusetzen.

Beide Reitweisen ergänzen sich dabei recht gut und sind im Hinblick auf jede mögliche Zielsetzung mischbar.

Begriffe auf einen Blick

In den Kapiteln uber Theorie und praktische Hilfengebung und die äußere Form des Pferdes tauchen diverse Begriffe auf, die dem Neuling fremd sind. Deswegen hier eine kurze Begriffsdefinition zum Nachschlagen:

Pferd geht auf der linken Hand
Das Pferd geht links herum / die linke Hand des Reiters befindet sich innen.

Pferd geht auf der rechten Hand
Das Pferd geht rechts herum / die rechte Hand des Reiters befindet sich innen.

Loser Zügel / Anstehender Zügel
Der lose Zügel hängt durch. Je nach Übung und Temperament des Pferdes hängt er mehr oder weniger durch. Jedoch darf er keinesfalls, wie in der englischen Reitweise, ständig leicht anstehen. Der Reiter hat *keine* ständige Verbindung zum Pferdemaul. Bilden Unterarm des Reiters und Zügel bis zum Maul des Pferdes eine gerade Linie, so ist der Zügel schon nicht mehr lose, sondern steht an.

Hingegebener Zügel
Besonders langer Zügel. Der Reiter gibt den Zügel im Gelände oder in Ruhepausen während der Arbeit in der Bahn im Schritt hin. Für das Pferd ist dies ein Signal für völlige Entspannung.

Zügel annehmen
Dieser Ausdruck bedeutet ein *kurzes,* schnelles Zupfen am Zügel aus dem Handgelenk heraus oder – bei längerem Zügel – auch aus dem Ellbogen. Der jeweilige angenommene Zügel steht kurz an. Das Gebiß übt bei beidhändiger Zügelführung auf der angenommenen Seite Druck auf das Maul des Pferdes aus (bei beidseitigem Annehmen auf beiden Seiten). Reagiert das Pferd nicht in der gewünschten Weise, so wird das Annehmen in schneller Folge ein- oder mehrmals wiederholt. Längeres »Ziehen« mit viel Kraft ist immer falsch. Jedoch ist es manchmal sinnvoll, den Zügel zu *Korrekturzwecken* eine Weile in englischer Manier mit sehr wenig Druck anstehen zu lassen, also eine Verbindung zum Pferdemaul zu halten.

Zügel anlegen
Das Anlegen des äußeren Druckzügels, ohne dabei Druck auf das Maul auszuüben.

Pferd legt sich auf den Zügel
Ein Fehler, der meist vom Reiter verursacht ist, wenn er am Zügel zieht, statt kurz anzunehmen und wieder nachzugeben.
Das Pferd drückt seinen Kopf nach vorne gegen den Zug am Zügel, stützt sich praktisch am feststehenden Zügel ab. Dabei bringt es zuviel Gewicht auf die Vorhand – verlegt also seinen Schwerpunkt zu weit nach vorne. Reiter und Pferd befinden sich dann nicht mehr im Gleichgewicht, das Pferd setzt seine Hinterhand nicht mehr genug unter. Daraus folgt, daß es schwierige Lektionen nicht mehr ausführen kann.

Hand/Faust zumachen bzw. aufmachen

Dies bedeutet einfach, die Kraft, mit der die Finger sich um den Zügel schließen, zu verstärken bzw. abzuschwächen. Bei einhändiger Zügelführung auf eine in den Seitenteilen bewegliche Kandare kann man durch einfaches Zumachen der Faust dem sensiblen Pferd schon ein Signal, eine Hilfe, geben.

Innerer Zügel

Der Zügel auf der Seite, nach der das Pferd gestellt ist.

Äußerer Zügel

Der der Stellung des Pferdes entgegengesetzte Zügel.

Druckzügel

Der äußere Zügel, der an den Hals des Pferdes angelegt wird, um ein Abwenden des Pferdes – nach innen – zu erreichen. Er wird anfangs zusätzlich zum stellenden inneren Zügel verwendet – später als Ersatz für den inneren Zügel bei der einhändigen Zügelführung.

Stellung des Pferdes

Ein Pferd ist links gestellt, wenn es nach links schaut. Es ist dabei nur im Hals leicht gebogen. Der Reiter sieht ansatzweise das linke Auge des Pferdes. Im Körper selbst aber ist das Pferd gerade (rechts entsprechend umgekehrt). Es ist nun durchaus nicht so, daß das Pferd, wenn es linksherum läuft, auch zwangsweise nach links gestellt ist. Bei vielen Seitwärtsbewegungen ist das Pferd gegen die Bewegungsrichtung gestellt (siehe »Seitwärtstreten«, Seiten 98 bis 100).

Biegung des Pferdes

Ein Pferd ist gebogen, wenn es in seiner gesamten Längsachse, nicht nur im Hals, gebogen ist. Auf einem Zirkel ist das Pferd in den Rippen genauso gebogen wie das Kreissegment, auf dem es sich gerade befindet. Biegung beinhaltet, daß auf gebogenen Linien Vorder- und Hinterbeine in die gleiche Spur treten und nicht z. B. die Hinterbeine nach außen von der gebogenen Linie abweichen. Je enger ein Zirkel geritten wird, desto stärker ist die Rippenbiegung des Pferdes.

Geraderichten

Das Pferd soll auf der Geraden mit den Hinterbeinen genau in die Spur der Vorderbeine treten

Reiter sitzt nach rechts (links)

Der Reiter verlegt sein Gewicht auf die rechte Seite. Er tritt den Steigbügel mit etwas mehr Gewicht aus und rutscht etwas im Sattel nach rechts. Er darf nicht in der rechten Hüfte einknicken, denn damit würde sein Gewicht genau entgegengesetzt verlegt, also nach links (nach links entsprechend umgekehrt). Es gibt jedoch Ausnahmen (Spin), wo das Einknicken in der Hüfte zulässig und sinnvoll ist.

Vorhand (VH)

Der Teil des Pferdes, bestehend aus Vorderbeinen, Schulter, Hals und Kopf.

Hinterhand (HH)

Hinterbeine und Kruppe des Pferdes,

Mittelhand

Der Teil des Pferdes vom Widerrist bis zu den Lendenwirbeln.

Losgelassenheit

Das Pferd ist in seinen Muskelpartien locker und geschmeidig, insbesondere aber in seiner Rückenmuskulatur. Dies äußert sich in lockeren, geschmeidigen Bewegungen und einem schwingenden Rücken in allen Gangarten. Der Reiter kann »bequem« sitzen.

Takt

Gleicher zeitlicher Abstand zwischen dem einzelnen Auffußen der Hufe in der Fußfolge der jeweiligen Gangart. Bei einer Verstärkung oder Verkürzung des Tempos in einer Gangart soll der Takt erhalten bleiben. Nur der Raumgriff – also die Schrittlänge – ändert sich. Je höher das Tempo, desto größer die Schrittlänge.

Neck-Reining

Einhändige Zügelführung mit Verwendung des Druckzügels.

Head-Set

Abknicken des Pferdes im Genick, so daß die Nasenlinie des Pferdes kurz vor der Senkrechten steht.

Walk

Bezeichnung für Schritt.

Trot / Extended Trot / Jog

Trot bezeichnet einen Arbeitstrab, Extended Trot einen etwas schnelleren Arbeitstrab, Jog ein sehr langsames Traben im Schritt-Tempo.

Lope

Bezeichnung für einen langsamen Galopp.

Pferd wird vorne leicht

Es hebt die Schulter an, was eine freiere Beweglichkeit der Vorderbeine zur Folge hat. Dazu muß es natürlich mit den Hinterbeinen gut untertreten und zusätzlich den Hals aus der Schulter heraus anheben.

Pferd geht »rund«

Das Pferd tritt mit den Hinterbeinen gut unter, ist im Rücken locker und zeigt mehr oder weniger starken »Head-Set«.

Wendung

Damit wird sowohl ein Gehen des Pferdes auf mehr oder weniger stark gekrümmten Kreislinien als auch ein »Herumdrehen« auf stehender Hinterhand bezeichnet.

Exterieur

Der Körperbau des Pferdes.

Interieur

Charakter und Eigenheiten des Pferdes.

Bit

Sammelbegriff für alle Kandaren, die einhändig (im Neck-Reining) benutzt werden.

Bande

Die Umzäunung des Reitplatzes. Sie wird bei vielen Übungen als anfängliches Hilfsmittel benutzt.

Hufschlag / zweiter Hufschlag

Das Pferd befindet sich auf dem Hufschlag, wenn es in der Reitbahn an der Bande entlang geht (Ganze Bahn). Der zweite Hufschlag befindet sich etwa eine Pferdelänge nach innen versetzt.

Pferde verstehen – besser reiten

Gerhard Kapitzke
Du und Dein Pferd
Über das Reiten und den Umgang mit Pferden
Für den jugendlichen Reitanfänger: komprimierte
Information über Verhalten, Wesen und Bedürf-
nisse des Pferdes, über Haltung, Pflege, Fütterung
und erste Reitausbildung.

Jürgen Kemmler
Mit Pferden durchs Jahr
Die Welt der Pferde heute in ihren vielfältigen
Erscheinungsformen – dargestellt am Beispiel
eines Jahreszyklus; Informationen über Evolution,
Zucht, artgerechte Haltung, Ausbildung, Training,
Sport, Freizeit und den verständnisvollen Umgang
mit dem Pferd.

Gerhard Kapitzke
Das Pferd von A-Z
Rassen, Zucht und Haltung
Aktuelles Grundlagenwissen von A - Z zu
Pferdezucht und -haltung sowie zum Reit- und
Fahrsport in 1070 Stichwörtern mit vielen infor-
mativen Fotos.

Birgit Neuhaus
Das Freizeitpferd
Der Freizeitreiter
Rassen, Haltung, Ausrüstung, Ausbildung
Praktische Einführung in die Ausbildung des Reiters sowie über Kauf, Unterbringung, Fütterung
und Pflege des Pferdes; Ausrüstungsfragen, Reitweisen, die Arbeit des Pferdes an der Hand sowie
organisatorische Tips.

Virginia Leng
Das Vielseitigkeitspferd
Der Vielseitigkeitsreiter
Ausbildung, Training, Event
Die Ausbildung des Militarypferdes bis zum Event:
Trainingsmethoden, die zum Sieg führen – Schritt
für Schritt mit vielen Fotos dargestellt.

Heinz Kiemann
Neue Reitschule
Klassische Grundausbildung bis zur Turnierreife
Klassische Grundausbildung von Pferd und Reiter
– von Dressur, Springen und Geländereiten bis zur
Reitjagd und Turnierteilnahme.